APLAUSOS Y LÁGRIMAS

JORGE PORCEL

BETANIA

Un Sello de Editorial Caribe

BETANIA es un sello de Editorial Caribe,
Una division de Thomas Nelson,Inc.

©1998 Editorial Caribe
E-mail: editorial@editorialcaribe.com
www.editorialcaribe.com

ISBN: 0-88113-134-2

Printed in Colombia
Impreso en Colombia

1ª Impresión

Dedico este libro a mi esposa Olga y a mi hija María, que tanto oraron por mi conversión y a quienes Dios dio el gozo de ver sus anhelos hechos realidad.

Agradecimientos

A Ethel Cipolla de Palací y al pastor Eugenio Orellana

Nota al lector:

Este libro contiene algunos aspectos de mi vida. Ha sido escrito siguiendo el orden natural en que me voy desarrollando como persona. Notará que está contextualizado con hechos que van ocurriendo en el mundo que me rodea. Quizás haya algunos errores de fecha y lugar; también quizás note la ausencia de algo, o de alguien, que a su juicio debí de haber incluido. Si tal es el caso, lo lamento. Para ser sincero, mientras daba forma a este libro, infinidad de nombres de personas muy queridas, anécdotas y acontecimientos de todas las tonalidades reclamaban un lugar; pero mencionarlos a todos habría sido casi imposible.

Esta no pretende ser una joya literaria; es, simplemente, el relato de la vida de una persona a quien Dios ha favorecido con muchas cosas buenas. Las cuento para que las conozcan y quizás rían un poco cuando las lean, como he reído yo al recordarlas; pero, sobre todo, quiero que sepan que estoy profundamente agradecido a Dios y que toda la gloria y la honra es Suya.

Jorge Porcel
Miami, enero de 1998

Año 1936. Buenos Aires todavía no se ha sacado el luto por la muerte de Carlos Gardel, ocurrida el año anterior en Medellín, Colombia. En largas discusiones de café, uruguayos y argentinos se disputan la nacionalidad del famoso cantor. Pero Gardel había nacido en Toulouse, Francia, hijo de doña Berta Gardés.

Ese mismo año se inaugura en la calle Corrientes y 9 de Julio el monumento a los porteños conocido como «el Obelisco», un mamotreto de hormigón y cemento que daría a los ciudadanos de Buenos Aires la oportunidad para los más diversos comentarios.

Europa se empieza a teñir de sangre española. La guerra civil enfrenta a amigos contra amigos, a hermanos contra hermanos. Algunos la llaman el «banco de prueba de las armas germanas».

En Berlín se festejan con júbilo los juegos olímpicos, fiesta de paz que hermana a todos los pueblos y razas del mundo, una paz que duraría muy poco, si es que alguna vez la hubo. El héroe de esta fiesta deportiva es el moreno Jesse Owens, atleta estadounidense ganador de tres medallas de oro con sendos *récords* olímpicos. Sube al podio de los triunfadores por cada medalla obtenida, pero Hitler se niega a darle la mano por pertenecer a la raza negra.

En Buenos Aires, Francisco Canaro y Julio De Caro se sacan chispas por proclamarse amos del tango. En Nueva

York, Benny Goodman empieza a afianzarse como «rey del swing», título que ganaría en 1939 con su memorable concierto en el Carnegie Hall.

Buenos Aires tiene tanta vida nocturna como París, dicen los que han viajado por el mundo. La calle Corrientes, llena de teatros y centros nocturnos, no tiene nada que envidiarle a Broadway. Los restaurantes y lugares de diversión están siempre llenos de gente. Para Buenos Aires todos los días son sábados.

El champán y el perfume francés bañan las noches de la gran capital, la más europea de América. En los bares, entre humo y copas, se mezclan hombres y mujeres de distinta posición social. El tema de charla es casi siempre el mismo: teatro, fútbol, política, carrera de caballos, literatura contemporánea.

Así es Buenos Aires. Pero detrás de esa metrópoli musical y ruidosa se esconde otra Buenos Aires que duerme las últimas horas de la noche. Son hombres y mujeres, gente de trabajo con los mismos sueños que sus padres trajeron de Europa, inmigrantes que atestan las casas de inquilinato, casas de paredes húmedas y descoloridas y deficientemente alumbradas.

En una de las habitaciones de una de esas casas se encuentra recostada en una cama Concepción, una muchacha italiana que está a punto de dar a luz, asistida por Angélica y Elvira, vecinas y amigas. Los minutos pasan, los dolores son más intensos. El reloj marca las dos de la mañana. Se abre la puerta de la habitación. Concepción sonríe. Ha llegado don Segundo, su marido, chofer de taxi, alto, morocho, simpático y fumador empedernido.

Concepción se siente tranquila. Todo está preparado: la ropa, los pañales. Con la cooperación de las vecinas, don Segundo la incorpora, la llevan hacia la calle por un pasillo largo que no termina nunca y con un poco de trabajo la suben al taxi que parte rumbo al Hospital Rivadavia. Allí la pasan a la sala de preparativos. A don Segundo le dicen que espere afuera. Corre el tiempo. Una, dos, tres horas. Don Segundo, aparentemente tranquilo, sentado en un banco de madera, teje sus últimos sueños de humo con la complicidad de sus últimos cigarrillos. Aparece una enfermera y le da la gran noticia. Su hijo ha nacido. Es un varón de 4 kilos 300. El parto ha transcurrido sin ningún contratiempo y tanto su esposa como la criatura están en perfecto estado de salud.

La enfermera y don Segundo entran a la sala donde está Concepción y su hijo. Don Segundo no puede contener su alegría. Es su primer hijo. Lo mira, lo sigue mirando detenidamente. La enfermera pregunta qué nombre le van a poner. Concepción dice con voz apagada: Jorge. Don Segundo agrega: Jorge Raúl. El gordito se llamará Jorge Raúl Porcel de Peralta, hijo de don Segundo Porcel de Peralta y de doña Concepción Pusillico.

Don Segundo, argentino de 40 años, chofer de taxi, oriundo de Tulumba, Provincia de Córdoba, hijo de un importante ejecutivo de los Molinos Minetti tiene seis hermanos: Ricardo, Roberto, Luis, Clotilde, Lola y Carlota. Todos han sido criados en un ambiente de férrea disciplina y respeto casi militar por su madre doña Gimena y don Segundo padre. Viven en una vieja casona de la calle Charlone. Los hijos varones estudian y trabajan ayudando a don Segundo padre en las tareas de su oficina. Las tres mujeres estudian seis horas por día música clásica. Lola el piano, Carlota el violín y Clotilde el violoncello.

Don Segundo, el rebelde de la familia, aburrido por esa vida rígida y llevado por su espíritu bohemio una noche durante la cena le expresa a su padre el deseo de independizarse y buscar nuevos rumbos. Viendo que su hijo es mayor de edad y ante la imposibilidad de detenerlo, don Segundo padre le da su consentimiento. Su madre guarda silencio.

Pasan algunos años. Mi padre intenta toda clase de trabajos y se queda con el de conductor de taxi, trabajo que ama profundamente pues tras el volante se siente libre como un ave. Por aquellos días la demanda de servicios de taxi no es mucha, pero a él eso no le importa gran cosa. Total, vive solo y no tiene que rendirle cuentas a nadie. Trabaja de noche y duerme de día.

Una tarde, paseando con dos amigos por el Rosedal de Palermo, uno de ellos se encuentra con tres muchachas amigas. Después de las presentaciones de rutina todos van a tomar unos refrescos. Mi padre ya ha puesto los ojos en Concepción, una joven italiana de baja estatura, un tanto tímida pero con carácter, como todos los sicilianos. Al año están viviendo juntos y el 7 de septiembre de 1936 nace su primer hijo, Jorge Raúl Porcel de Peralta.

Vivimos en una casa de inquilinato de la calle Córdoba y Pueyrredón. Los propietarios son don Aarón y doña Adelina, un matrimonio judío encantador.

Yo ya he cumplido cuatro años. En mi cuna hay otro bebé. Es mi hermano Tito, que acaba de nacer.

En casa de mis abuelos, antes de llegar a la puerta ya se escucha a mis tías interpretando a Chopin o a Isaac Albeniz. Mi tía Clotilde toca el cello maravillosamente bien. Es la única que puede lograr que me quede quieto por unos minutos. No entiendo bien lo que toca pero a mi escasa edad ya me siento atraído por la música, atracción que se reafirmaría con el tiempo.

Una tarde escucho a mi tía Lola tocar algo en el piano que me impresiona profundamente. Entro a la sala y le pido que lo toque otra vez, y otra, y otra. Pasan unos años y de nuevo escucho a mi tía tocar el mismo tema que me había impresionado tanto. Le pregunto el nombre. Me dice que es «Claro de Luna» de Debussy.

La música fue siempre un huésped importante en nuestra familia.

Mientras limpia la casa y cocina, mi madre canta a dúo con los famosos de aquella época, cuyas voces llenan las ondas radiales. Lo raro es que siendo mi madre italiana, siente un amor muy grande por la música hispanoamericana. Gracias a ella conozco y aprendo a apreciar a José Mojica, a Imperio Argentina, a Arbizu, Libertad Lamarque, Mercedes Simone y el inefable Carlos Gardel. Seguir recordando la lista de cantantes sería tarea de nunca acabar.

Por eso, un amigo mío decía, «Dime lo que escuchas y te diré quién eres».

En cambio mi padre es todo lo contrario. No tiene oído ni para tocar el timbre. Nunca lo oigo cantar, ni siquiera cuando se baña; ni tararear. De vez en cuando se anima a silbar algo, solamente cuando llama a mi madre, especialmente los días sábados en que no trabaja. A eso de las nueve de la mañana se despierta, silba y al minuto aparece mi mamá con el desayuno. Mientras desayuna escucha Radio El Mundo. Después de levantarse se baña y se afeita. Yo ya estoy cambiado esperándolo, porque el sábado es un día de fiesta para mí. Ese día mi padre es para mí solo. Yo camino orgulloso tomado de su

mano. Vamos al Cine Porteño a ver dibujos animados. Al lado
está la Pizzería «Las Cuartetas» donde rematamos la fiesta
del día con una suculenta pizza de mozarella y una sopa
inglesa de postre, todo rociado generosamente con una
naranja bilz, bebida que por esos días no tiene competencia.

Los años de mi infancia los vivo en distintos lugares de Buenos Aires. Cuando tengo cinco años nos mudamos a Bernal, un lugar apropiado para vivir en paz, lejos del ruido de la capital.

Hay muy pocas casas, la mayoría de ellas adornadas con jardines donde los chicos corretean cazando mariposas o detrás de una pelota de trapo rellena de papel y forrada en una media de mujer. El barrio está lleno de quintas donde se vende toda clase de frutas y verduras. Frente a la casa donde nosotros vivimos hay un almacén, y a dos o tres cuadras, la estación del ferrocarril. El centro, donde están los negocios importantes, es muy reducido.

Las mañanas son todas iguales. El olor a café con leche me despierta muy temprano. Mi padre ya se ha ido al trabajo. Al rato se empiezan a escuchar los gritos de los vendedores ambulantes. Cada uno tiene su propio estilo, en especial el que vende leche al pie de la vaca. Es un vasco fornido, de bigotes enormes, que vende leche casa por casa, ordeñando la vaca frente a la mirada complaciente y pícara de los chicos que juegan en la calle.

Las tardes son muy aburridas. El sonido lejano de algún tren o el ladrido de un perro vagabundo se mezclan con el canto de la cigarra, mientras la gente mayor duerme la siesta.

Los domingos son mis días preferidos pues los paseos de los sábados con mi padre se han terminado. Ahora vivimos muy lejos de la capital. Apenas me levanto, voy corriendo a despertar a mi papá para que nos lleve a mi hermano y a mí, que ya tiene dos años, a jugar a la pelota y después a la calesita que está en un parque cerca de la estación de trenes.

Al mediodía volvemos con un hambre feroz después de haber jugado toda la mañana. Apenas traspasamos la puerta de calle, al cruzar el jardín, de la cocina viene un aroma de cebolla frita con salsa de tomate que no olvidaré jamás.

Mi madre es una gran cocinera. Maneja con maestría todos los resortes del arte culinario. Las pastas hechas a mano, la salsa condimentada, las empanadas de carne, el soufflé de queso, el mondongo a la española y las lentejas a la catalana son su especialidad, aparte de la torta de chocolate y los panqueques con dulce de leche y canela.

Los domingos que tenemos visita el menú es siempre el mismo: jamón con ensalada rusa y asado al horno con papas y batatas, sazonado debidamente con ají, cebolla, tomates y ajo, mucho ajo. En mi casa se hace todo con ajo y con especias, como mi abuela le enseñara a mi mamá. Se pone la carne y todo lo demás en una gran asadera que llevamos con mucho cuidado a la panadería, donde el maestro panadero nos hace el favor de ponerla en el horno por cerca de una hora. Pasado ese tiempo volvemos a buscar la asadera para llevarla a casa. Mi mamá pone 3 ó 4 papas de más, pues al maestro panadero, al controlar que la comida no se queme siempre se le quedan pegadas en los dedos dos o tres papas.

De vez en cuando vienen a visitarnos mis tíos con mis primos. A veces se juntan los parientes de mi papá con los de mi mamá. Entonces hay que salir corriendo a comprar más churros y chocolate.

En mi casa todo se festeja con comida.

Los hombres, por un lado, hablan de los temas del día, comentando con especial interés las últimas noticias sobre la segunda guerra mundial. Las mujeres, en cambio, casi siempre están en la cocina conversando de temas femeninos, intercambiando recetas de cocina, explicando el último punto de tejido o recordándose del pariente lejano que acaba de morir.

Concurrir al primer velatorio es para mí un acontecimiento de lo más extraño pues no se acostumbra llevar a los niños. Es una tarde lluviosa, en una casa desconocida, con gente a la que no he visto nunca. El olor a las flores tumba a cualquiera. La gente es casi toda mayor de edad y se saluda con comentarios y frases como «así es la vida», «unos vienen otros se van», «qué le vamos a hacer». El que con más frecuencia escucho es el famoso, «no somos nada». Las mujeres lloran, los hombres hablan en voz baja, mientras dos señoras sirven café y anís durante toda la noche. Es como para preguntar, ¿Y los sándwiches, cuándo vienen?

Una de las cosas que más disfruto en mi infancia son los carnavales. En una ocasión, mi madre me disfraza de holandés, con bigotes pintados y una pipa. Me llevan al corso vecinal en la Avenida de Mayo. Es un espectáculo inolvidable. Todos los niños de mi edad están disfrazados de pierrot, de colombina, de pirata, de piel roja, de bailarina clásica. De los palcos llueve serpentina y papel picado que se mezclan con el sonido de pitos, cornetas y matracas.

Llegamos al palco mayor donde se realiza el concurso de disfraces. La fila de niños y niñas es interminable. El calor y la humedad son inevitables a esta altura del año. Después del concurso empiezan los desfiles de comparsas, murgas con canciones y estribillos cuyas letras van de la mano, dirigidas por la batuta del director. Los vestuarios son de colores estri-

dentes y los nombres de los conjuntos de lo más elocuentes:
«Los locos de Saavedra», «Los dandys de Belgrano» o la famosa «Verdura de la Boca», sin olvidar un conjunto de chicos
disfrazados de linyeras o vagabundos, llamado «Los piojosos
de Barracas», cuyas canciones que cantan en bares y cafete-
rías por una propina tienen letras no muy académicas que los
hombres disfrutan ante el horror de las mujeres.

En la Avenida Costanera, o en los barrios aledaños a la Capital Federal se acostumbra festejar los carnavales lanzando
agua desde los balcones de los pisos superiores hacia abajo,
mojando totalmente a algún vecino desprevenido.

Los más chicos compran globos y los llenan de agua para
mojarse entre sí. Los mayores, en cambio, son mucho más
agresivos. Se corren por la calle unos a otros con baldes repletos de agua con la que se mojan sin piedad, juegos que casi
nunca terminan bien, pues empiezan con el agua y terminan
con los baldes por la cabeza. Luego viene la policía y unos van
a parar al hospital y otros a la detención.

Los más pudientes compran pomos de agua perfumada o
lanza perfumes de cristal con éter. Los clubes deportivos rea-
lizan bailes que amenizan afamadas orquestas.

Invariablemente todos los años siguientes pasará lo
mismo.

De los tres primeros años de la escuela primaria recuerdo muy poco. En tercer grado mi maestra es muy seria pero a la vez amable. El cuarto grado es más llevadero. Aparte de su idoneidad como docente, la maestra tiene muy buen sentido del humor. La maestra del quinto grado es muy exigente. Su voz y presencia inspiran respeto.

El último año es el más divertido de todos. Mi maestra es mucho más joven que las anteriores, muy simpática y condescendiente, pero cuando tiene que hacerse respetar, lo hace de manera contundente.

De todas ellas guardo un gran recuerdo, pues tienen para con nosotros paciencia y ternura, que son las armas que usan para conquistar el interés y respeto de sus alumnos, por eso mi agradecimiento y afecto sincero para la señorita Vailati, la señora de Merguin, la señora de Paredes, la señora Leston.

En 1945, River sale campeón del fútbol argentino. El nombre de Perón suena en todos lados. Hiroshima es borrada del mapa de Japón. Estados Unidos ha lanzado la bomba atómica sobre el Imperio del Sol Naciente. Mueren cerca de 300 mil japoneses y otros miles sobreviven por poco tiempo. Voces condenatorias se alzan en diversos lugares del mundo. Los partes periodísticos sobre la acción devastadora de la bomba son escalofriantes. ¿Fue necesaria esa masacre, o pudo evitarse?

Finaliza la guerra. El cuerpo de Hitler no aparece por ningún lado. Stalin, Churchill, Roosevelt y De Gaulle ocupan las primeras páginas de todos los periódicos.

Estamos en plena era del nailon, la Coca Cola, el *boogie-boogie*, Hollywood, los chicles, el *hot dog* y el Plan Marshall.

Me miro al espejo. Estoy vestido con traje azul oscuro, camisa y medias blancas. Es 8 de diciembre. Mientras mi padre me hace el nudo de la corbata, mi madre termina de peinar a mi hermano Tito. Es mi primera comunión.

La iglesia de la Inmaculada Concepción del barrio de Belgrano está repleta de flores y niños. El oficio religioso lo tiene a su cargo el padre Filippo, sacerdote muy cuestionado por sus tendencias políticas.

En el colegio secundario las cosas cambian fundamentalmente. Los compañeros son otros, la edad ya es otra, el comportamiento y el lenguaje son distintos.

A los 13 años de edad, promedio en que los muchachos se ponen los pantalones largos, ensayan las primeras afeitadas y fuman los primeros cigarrillos a escondidas, es cosa habitual empezar a sufrir de un mal llamado adolescencia. La adolescencia, edad más que difícil donde empieza a aflorar la personalidad y las experiencias recibidas en el hogar, establecimientos escolares, educación religiosa; etapa donde no se es niño ni hombre; época donde empiezan a tomar forma el carácter y otras manifestaciones del comportamiento humano como la timidez, la inseguridad, el temor, la insensibilidad, el coraje, la grandilocuencia, la amistad, la tristeza o la alegría y otras actitudes donde la adrenalina sube y baja constantemente, donde el adolescente cree que lo sabe todo. Al mismo tiempo que se le exigen cosas, se le prohíben otras.

Porque eso es lo que es un adolescente: un producto incipiente del resultado de lo vivido en la niñez. El desamor, los malos tratos, la intolerancia, la incomprensión, el abandono y las actitudes negativas estarán formando a un hombre con grandes dificultades; en cambio, el que ha vivido experiencias favorables, será todo lo contrario.

El adolescente empieza a ser un proyecto de adulto, comienza a descubrir nuevas cosas, nuevas sensaciones. La vecinita de la casa de al lado, pecosa y de anteojos que no es tomada en cuenta empieza a cambiar, y de pronto uno se percata que es ya casi una mujer, que no está tan delgada y que hasta las pecas le quedan bien. ¿Qué ha pasado? Con esa indiferencia que uno siente por las niñas, estamos frente a un acontecimiento: la reafirmación de la sexualidad. Seguimos jugando a la pelota en el terreno baldío pero cuando pasa una chica bonita no solo nos distraemos sino que nos preguntamos quién es y dónde vive. La preocupación por el arreglo personal ya es otra. El cuidado de la ropa, la combinación de los colores, la elección acertada de pantalones y camisas, el corte del cabello y todo lo que hace a la apariencia exterior va tomando cuerpo día a día.

La Argentina es un país floreciente. Su economía basada en la riqueza agropecuaria hace que la bauticen como «el granero del mundo». Los récords de producción de cereales y carnes de exportación también llegan a niveles espectaculares. Las ventas a la Europa devastada por la guerra también alcanzan cifras récords. Las reservas de oro llenan las arcas del Banco Central. La gente se ve feliz por la calle. Los ricos son más ricos y la clase obrera es reivindicada por su angel de la guarda, Eva Perón, mujer cuyo accionar es alabado por unos y criticado por otros, pero los obreros no se equivocan. La mujer también es reivindicada con su derecho al voto.

Casi todos los días son días de fiesta. La floreciente economía se nota en la presencia de la gente en los teatros, en los cinematógrafos, en los restaurantes y otros lugares de diversión y entretenimiento. Todos estos lugares están repletos. Las industrias acrecientan sus dividendos, los barcos van repletos de productos argentinos hacia todo el mundo.

Hasta el fútbol se llena de gloria. Algunos dicen que el mejor fútbol se juega en la Argentina. Muchos están de acuerdo, pero el campeonato mundial lo ganan los uruguayos. Día glorioso de los héroes del Maracaná. Brasil llora de tristeza porque eran los candidatos al título mundial. La tierra de Ari Barroso y Carmen Miranda no encuentra consuelo. La batucada está de luto. Uruguay, la Suiza de América, se lleva la copa mostrando garra y coraje, clásica característica de la gente de la tierra de Artigas.

Luis Sandrini bate récords en los teatros, y en el cine, aparece el nombre de un joven comediante mexicano que a la postre resultaría el cómico hispano más grande de la historia: Cantinflas, que en 1935 debuta con su película «Así es mi tierra».

En la radio, Bing Crosby se mezcla con Antonio Tormo y Al Johnson con Alberto Castillo. París nos manda a Jean Sablón y un cantante francés de nombre Charles Trenet que debuta en un famoso centro nocturno de Buenos Aires. Apenas aparece en el escenario en medio de los aplausos, un inadaptado, de esos que nunca faltan, le arroja un pan, pegándole en la cara. Ante la indignación del público, Trenet sonríe y dice: «Qué suerte, señor, que usted pueda arrojarme algo por lo cual en mi país muere mucha gente». Charles Trenet es ovacionado y el inadaptado es arrojado a la calle a puntapiés.

El mejor profesor de la escuela secundaria es el de Matemáticas. El doctor Tajani, autor de varios libros sobre la materia, es uno de los hombres más elegantes que vi en mi vida. Sereno, sagaz y agudo, de una inteligencia poco común, admirado y respetado por todos sus alumnos, en cuarenta y cinco minutos que dura la clase tiene tiempo para tomar la lección, explicarla y le quedan diez minutos para charlar de fútbol. Pero de lo que más le gusta hablar es de algo que en estos tiempos brilla por su ausencia, la ética. Ética, palabra mágica, amada por unos e ignorada por otros, y digo mágica porque muchos la han hecho desaparecer por completo de la vida cotidiana.

Después de Bernal vamos a vivir al barrio de Belgrano, y luego a Avellaneda, ciudad esta última a la que amo profundamente. Ahí pasaría más de veinte años de mi vida. Avellaneda es dueña de un encanto muy especial. Lo tiene todo: industria, comercio, frigorífico. Casi todo el mercado lanar pasa por aquí. El humo de las fábricas se divisa apenas se cruza el puente que divide la Capital de la Provincia. Lo más insólito es la construcción de dos estadios de fútbol a escasos cien metros el uno del otro. Pertenecen uno a Racing Club y el otro al Club Independiente, entidades que a lo largo del tiempo dividirían en dos la preferencia de la gente. No hay alternativa. O se simpatiza con uno o con el otro.

Independiente, fundado a principios de siglo, cuenta con un buen historial deportivo, pero es famoso por la buena administración ejercida por sus directivos.

Racing, fundado en marzo de 1904, cuenta con antecedentes de ganador de campeonatos. Ambas instituciones compiten con sus vecinos más inmediatos. Entre ellas se sacan chispas para ver cuál hace los mejores bailes de carnaval y cuál tiene mejor sede social. Pero cuando más se encienden las pasiones es cuando Racing e Independiente juegan entre sí dos veces en el año por el campeonato argentino. Avellaneda se viste de fiesta. Casi siempre el *match* es después de las cuatro de la tarde, pero la gente repleta el estadio desde las once de la mañana.

Los dos estadios están a siete cuadras de la avenida principal. La gente baja de los distintos medios de locomoción: camiones, taxis, autobuses, tranvías, en fin, todo lo que tenga ruedas. Desde la calle Mitre hasta los estadios caminar las siete cuadras es un martirio pues el aroma que viene de los puestos donde se venden chorizos a la *pumarola* despierta el hambre de cualquiera. Los vendedores de pizzas caseras, sándwiches, empanadas de carne, ofrecidas a grito pelado por el simpático King Kong, sobrenombre que se ha ganado el popular vendedor por su impresionante físico se mezclan con los gritos de los vendedores de bebidas y refrescos.

Jamás olvidaré la primera vez que fui a un partido de fútbol de esta importancia. Yo simpatizo con Racing. La fanaticada más grande de Independiente se pone detrás de uno de los arcos, cantando canciones y estribillos alusivos al encuentro. Son dirigidos por un personaje apodado Cantinflas. En cambio, los fanáticos de Racing se sitúan detrás del arco contrario, también cantando y avivando al club de sus amores dirigidos por otro personaje llamado Zazá.

Pobre del equipo que pierda. Sus hinchas tendrán que soportar durante una semana las bromas y burlas de los simpatizantes del cuadro ganador, cosa que a veces termina a golpes de puño o uno que otro palazo en la cabeza.

Así transcurren los domingos. A las nueve, la misa en la iglesia de Avellaneda. A las once almuerzo apurado, y luego toda la tarde en el fútbol. Los días de lluvia prefiero rematar la tarde viendo alguna película de cow-boys, de Roy Rogers o de piratas donde Errol Flynn se bate a duelo con Vasil Ratbhone quien también habría de interpretar a Sherlock Holmes, creación de Sir Arthur Conan Doyle. Cuando llego a mi casa, mi madre nos espera con torta frita o buñuelos de banana espolvoreados con azúcar, o chocolate con churros.

La cocina es para nosotros la parte principal de la casa. La radio está siempre prendida. Cuando al mediodía llego del colegio escucho a un pianista americano llamado Harold Mickey. Después, mi madre pondrá las radionovelas de Julia de Alba, la actriz preferida de las mujeres de aquella época. También escuchamos una audición cómica llamada «El Relámpago».

Los periodistas que dan las noticias internacionales y nacionales son profesionales excelentes. Los medios de comunicación evidencian una gran calidad, veracidad y profesionalismo. Los críticos de arte son una maravilla. Es un deleite leer las críticas de Córdoba Iturburu sobre pintura o de Jorge D'Urbano sobre música clásica. En Buenos Aires se respira cultura por los cuatro costados. Hay para todos los gustos y para todos los públicos, desde las comedias costumbristas o sainetes de Alberto Vacarezza y Eduardo Novión, o de Alejandro Casona hasta Arthur Miller y el Teatro del Absurdo de Ionesco.

Los días martes acompaño a mi mamá al cine pues es el día de películas argentinas o mejicanas. La mayor parte de las películas son de contenido dramático. Las mujeres lloran sin parar durante la hora y media que dura la película.

Mi padre llega a las siete de la noche del trabajo, siempre con una sonrisa. Siente un gran amor por los niños. Es el tío preferido de todos mis primos. En los bolsillos siempre tiene caramelos para regalar. A las ocho de la noche es la hora en que nos sentamos a la mesa a cenar. El primer plato es siempre igual. El que no toma la sopa no come el segundo plato. El postre es siempre el mismo: fruta (una manzana, una pera o un banano) y después el infaltable café.

Las conversaciones durante la comida empiezan con preguntas a mi hermano y a mí sobre cómo nos hemos portado, si hemos hecho las tareas. Los temas son los de siempre: las cosas domésticas del hogar, el mechero de la cocina que no anda o que hay que cambiar el cuerito de la canilla.[1] La casa donde vivimos es una vieja casa de inquilinato con un patio grande lleno de macetas con plantas y flores. En una de las paredes hay una foto de Gardel un tanto descolorida. Todas las habitaciones dan a la calle. El barrio es muy tranquilo. Enfrente de mi casa está la carnicería de los vascos. A las cuatro de la mañana empiezan a elaborar las morcillas y chorizos. El aroma de cebolla de verdeo se mezcla con el de los jazmines, mientras se escucha el sonido de la sierra eléctrica cortando los huesos.

Ya hace tiempo que tengo los pantalones largos, credencial necesaria para que me dejen jugar al billar en el Racing Club pues el que no tiene los pantalones largos no puede jugar. Aquí descubro la galería de personajes más diversa que la mente humana puede imaginar. El que dijo que la realidad supera la ficción tenía mucha razón. El centro diario de reunión de estos personajes es la peluquería del Club, regentada por Carmelo Debenedetto, personaje simpático y de buen corazón pero que se pone furioso cuando alguien lo llama por su sobrenombre debido a su voluminoso abdomen.

Por la peluquería de Carmelo pasan todos los días abogados, médicos, quinieleros, empleados, vagos, cantantes ocasionales, contrabandistas llamados vulgarmente bagalleros o simplemente gente que va a leer los periódicos o revistas que se encuentran en una mesa a la entrada. Casi todos tienen un sobrenombre. A un hombre que ha nacido con el cuello torcido le dicen «Peón de ajedrez» porque camina derecho y come de costado. A otro que es tuerto le dicen uno a cero como si fuera el resultado de un partido de fútbol. Al dueño

---

1. El cuerito de la canilla. Antes que apareciera el plástico, las reparaciones caseras de los grifos se hacían utilizando pequeños pedazos de cuero o suela. En Argentina, popularmente el grifo recibe el nombre de canilla.

del restaurante del club le dicen «murmullo» pues habla en voz baja y no se le entiende nada.

El mundo del deporte se conmueve ante un nombre que llena los titulares de todos los periódicos del mundo. Un argentino se hace dueño de todos los circuitos automovilísticos de Fórmula 1. Es un hombre sencillo, casi tímido pero de un gran valor y coraje. Su nombre, Juan Manuel Fangio. Pronto se convertiría en el ídolo de todos los europeos, especialmente los italianos y en un orgullo para los argentinos, ejemplo de caballerosidad deportiva.

Otro argentino nos llena de gloria en las Olimpiadas de Londres. Un servidor público del cuerpo de bomberos gana la prueba más importante de las Olimpiadas, la maratón. Su nombre, Delfor Cabrera, emulando así a Zabala, ganador de la misma prueba en el año 1932 en Los Ángeles. La juventud se llena de buenos ejemplos en estos atletas. Son modelos dignos de ser tomados en cuenta. En 1950 somos campeones mundiales de baloncesto. Yo no me pierdo ningún partido que, por supuesto, son transmitidos por radio, con la maestría única de Washington Rivera. El equipo, comandado por Oscar Furlong llega a la final frente a Estados Unidos. Todos los jóvenes quieren practicar deportes. Yo también. Integro el equipo de baloncesto de Racing Club, categoría infantiles. Como jugador no paso de discreto. Siempre recordaré a nuestro entrenador, el maestro Federico Grasso, ex integrante de los Aviones de Platense.

Los hermanos Navarra hacen maravillas jugando al billar, y Pedro Leopoldo Carreras se consagra triple campeón mundial de billar en carambola libre, al cuadro y a tres bandas, caso único en este deporte. No cabe duda que el país vive el mejor momento de su historia deportiva. La juventud llena los campos deportivos. Es una juventud sana, deseosa de progresar.

El Club pasa a ser mi segundo hogar. Queda a dos cuadras de mi casa. Cuando vengo del colegio hago las tareas correspondientes y volando me voy para el Club. Mis padres están tranquilos pues no estoy en la calle. Todos los chicos juegan a la pelota, al *basket*, o practican natación mientras en la cafetería del Club los mayores juegan al tute cabrero con barajas españolas.

De una vieja radio que está en el mostrador de la confitería se escucha un tango interpretado por la orquesta de Aníbal Troilo, cantado por Edmundo Rivero. Al mismo tiempo, dos muchachos bailan ensayando alguno que otro paso, dibujando arabescos sobre el piso de mosaico entre el aplauso de algunos y la desaprobación de otros. Cuando finalizan, uno de ellos me pregunta si sé bailar el tango. Le digo que no. Ellos se preocupan por enseñarme. Primero, hay que pararse bien. Con el brazo derecho se toma el talle de la mujer, con la mano izquierda se le toma la mano derecha. Primer paso: con pierna izquierda al costado, después con pierna derecha hacia adelante para luego juntar los pies. Esa es la base del baile que se repetiría una y otra vez. 1-2-3 juntar los pies.

Son las seis de la tarde, hora en que viene mi mamá a buscarme. Mientras vamos caminando para mi casa, voy repitiendo para no olvidarme los pasos de tango que acabo de aprender. 1-2-3 juntar los pies, siempre para adelante... 1-2-3, siempre para adelante.

Yo: «Mamá, perdóname, pero tengo que volver al Club».

Mamá (sorprendida): «¿Por qué?»

Yo: «Porque los muchachos se olvidaron de enseñarme cómo ir para atrás».

Mi madre sigue sin entender nada. Yo le explico que estuvieron enseñándome a bailar el tango.

Esa noche nadie me puede ayudar. Cuando llega mi papá le pregunto como se hacen los pasos de tango para atrás. Él tampoco sabe, confesándome que nunca fue un gran bailarín. Me pregunta por qué tengo tanta preocupación. Le respondo que el sábado hay un baile en el Club y que es mi primer baile y que quiero bailar bien el tango porque los muchachos dicen que el que no baila bien el tango es un gil[2].

Llega el día sábado. Son las cinco de la tarde. Ya estoy bañado y afeitado. Miro atentamente cómo mi mamá plancha el único traje que tengo. El baile comienza a las 9.30 de la noche. Estoy impaciente. Me falta elegir la corbata. No tengo mucho para elegir porque tengo dos solamente. Mi papá me presta una suya que hace juego con el color del traje. Son las ocho de la noche. Termino de comer. Empiezo a cambiarme de ropa. Mientras, voy repitiendo mentalmente 1-2-3 siempre para adelante. Pasan los minutos. Miro el reloj. Son las nueve de la noche. Termino de ponerme la corbata. Me despido de mi papá y cuando voy a despedirme de mi mamá, la veo cambiada de ropa. Le pregunto a dónde va y me responde que me acompaña al baile. Se me viene el mundo abajo. Es mi primer baile y me va a acompañar mi mamá. Qué van a decir mis amigos. Ya me imagino burlándose de mí. ¡El nene vino con la mamá! ¡Qué bochorno!

Yo: «¡Por favor, mamá, no me hagas eso. Los muchachos me van a volver loco!»

Mamá (tratando de explicarme): «¿Vos te olvidás que sos menor de edad? ¿Te olvidás que tenés 13 años? O vas conmigo o no vas nada».

---

2. Gil es un término que pertenece al lunfardo, jerga que hicieran conocida mundialmente los habitantes de los barrios porteños de Buenos Aires y que quiere decir tonto o sus equivalentes.

Elijo lo primero. Tras un breve cambio de opiniones, llegamos a un acuerdo. Mi madre me acompañará hasta la puerta del Club y luego vendrá a buscarme a las dos de la mañana. A las 9.30 p.m.en punto estamos en la puerta del Club. Me despido de mi madre. Voy hasta el tercer piso, donde está el salón de baile. Entro y en el salón no hay nadie. Me he equivocado. El baile es a las once. ¿Qué hacer durante esa hora y media? Practico los pasos: 1-2-3 juntar los pies, siempre para adelante. Al rato empiezan a llegar las primeras muchachas, acompañadas por sus madres, condición imprescindible para que toda jovencita pudiera asistir. El salón está lleno.

Las muchachas están con sus madres sentadas alrededor de la pista. Los muchachos todos agrupados en la entrada del salón. Creo que el único menor de edad soy yo. Aunque tengo solamente 13 años aparento 16.

Empiezan a sonar los primeros compases de la orquesta. Los muchachos cruzan la pista, se paran delante de las muchachas y las invitan a bailar. Si uno de ellos es rechazado, el volver a cruzar la pista, solo y sin bailar, ante la mirada de todos, es pasar la vergüenza de la noche, exponiéndose a las burlas de todos sus amigos. El secreto para no ser rechazado consiste en lo siguiente: Previo cruce de sonrisas, el muchacho hace un movimiento con la cabeza. Si la sonrisa no es contestada por la muchacha, quiere decir que no, pero si esta le sonríe también, quiere decir que lo acepta como compañero de baile. Claro que todo esto yo no lo sabía. Lo estaba aprendiendo sobre la marcha.

Empiezo a buscar entre las más jóvenes quien pudiera ser mi compañera de baile, hasta que al final ubico a una que sonríe permanentemente. La miro y ella parece que me mira. Le sonrío y ella sonríe. Le hago una leve seña con la cabeza, ella sigue sonriendo. Me digo: «Esta es la mía». Arreglándome el nudo de la corbata me encamino hacia donde está sentada. Me detengo muy cerca de ella y la invito a bailar. Antes que la jovencita abra la boca me contesta la madre: «¡Mi hija con niños no baila!» ¡Qué desastre! En un segundo me pongo rojo como un tomate. Las piernas me tiemblan. Se me mojan las manos. ¿Por qué no me habré quedado en casa? ¿Quién me mandó a venir aquí? Los segundos parecen siglos. La vieja repite: «¿No escuchó lo que le dije? ¡Mi hija con usted no baila!» La chica sigue sonriendo. Yo, cada vez más nervioso. Mi problema ahora no es no poder bailar, sino cómo cruzar todo el salón, enfrentarme a los muchachos ante el evidente fracaso. La vieja vuelve a decirme: «Oiga, ¿no escuchó lo que le dije?» Yo, cada vez más nervioso. De pronto oigo que alguien dice: «No se preocupe, joven. Baile con mi hija». Es una madre salvadora, simpática y bondadosa. Tengo ganas de abrazarla y de besarla. Me ha salvado de las cargadas de los muchachos. Me doy vuelta, y ahí está ella, parada, la hija de la señora. Es bajita, vestida de rojo intenso, con anteojos y flequillo. La verdad que muy linda no es. Tengo dos opciones: cruzar la pista de baile e irme para mi casa ante las burlas de todos, o bailar con la petisa. Opto por lo segundo. Rodeo su cintura con mi brazo, como me han enseñado. La orquesta, en vez de tocar un tango toca una milonga, ritmo más rápido y más difícil que el tango. Yo pienso, «¿Quién me habrá mandado a venir aquí?» Pero ya estaba en el baile y había que bailar. Tomo valor y salgo con el pie izquierdo para adelante. Ella, en vez de mover el derecho para atrás, mueve el izquierdo, quedando trabado mi talón con el pie de ella. Pienso que todo el mundo me está mirando. Giro para la derecha para empezar de nuevo, y ella también, nerviosa, gira para un costado, perdiendo el equilibrio. Yo pienso, «Se me cae la petiza y la madre me mata». La tomo fuerte con el brazo y empiezo de nuevo al tiempo que ella me dice que es la primera vez que asiste a un baile y no tiene experiencia.

Para qué contar lo que fue lo demás. Un festival de errores
y pisotones. La milonga no terminaba nunca. Como podemos, llegamos al final. Acompaño a la petisa hasta donde está
su madre, me despido y me retiro hacia donde están mis amigos. Uno de ellos me pregunta, sonriente: «¿Te gusta bailar,
eh?» Le respondo que sí. «Entonces, ¿por qué no aprendés?»

A las dos de la mañana me voy para la puerta del Club. Allí
está mi mamá esperándome. Antes de decirme una palabra,
me pregunta, Mamá: «¿Cómo te fue?»

Yo: «Ahora estoy cansado. Mañana te cuento».

Mi vida transcurre en un ambiente de respeto y buenos
ejemplos en el hogar. La gente es mayormente educada. Los
hombres son respetuosos con las mujeres. Muy rara vez uno
es testigo de algún hecho fuera de lugar. Las señoras y las
personas mayores son consideradas, especialmente las
mujeres embarazadas y los ancianos. La juventud está
influenciada por un clima que marca ostensiblemente lo
correcto de lo incorrecto. Las revistas que leemos niños y
jóvenes son el Billiken, órgano de entretenimiento didáctico
con el cual muchas madres de Sudamérica educaron a sus
hijos; Patoruzú, revista con un desfile de personajes muy
graciosos que nos dejan al final una buena enseñanza; Inter-
valo y Rico Tipo, que tienen un arsenal de personajes de lo
más atractivo. Mientras que las mujeres se vuelcan a los
temas propios de su femineidad; por ejemplo, Leoplán,
Damas y Damitas, Nosotras, Ecrán, Radiolandia, El Hogar,
sin olvidar los semanarios deportivos: El Gráfico, Mundo
Deportivo y Goles, leídos mayormente por los hombres.

A edad muy temprana descubro una de las pasiones que más influiría en mi vida, la música.

Toda ella tiene un atractivo especial. Desde «La hora española», con su audición «Por los caminos de España», donde escucho la música de Moreno y Torroba, León Quintero y Quiroga hasta Manuel de Falla que mi madre pone en la radio a horas muy tempranas. También escucho «La hora francesa» que dirige monsieur Poldán, cuya cortina musical interpretada por Ivette Orné no olvidaré jamás. Lo más raro de todo esto es que experimento un sentimiento muy especial por la música árabe ejecutada por Dedos Mágicos, en la audición que auspicia la Joyería «El Halabi» y la Fábrica de Pañuelos Tuma.

Otra audición que no me pierdo es la de tangos conducida por Lopecito, un personaje con toda la calidad espontánea de alguien que sabe lo que dice. Hasta que descubro «Jazz Moderno» con Basualdo, programa que marcaría para siempre mi gusto musical.

El primer disco que compro, un día sábado por la mañana, es todo un acontecimiento. Tengo el dinero justo. Llego a la casa de música con la ansiedad propia del primerizo. La lista de títulos e intérpretes es inagotable. Por fin, me decido: «Opus 1 de Sy Oliver» grabado por la orquesta de Tommy Dorsey, con un joven de nombre Buddy Rich en la batería, quien luego sería según mi muy modesta opinión el más grande baterista de todos los tiempos.

Cada moneda que me dan mis padres la voy juntando una por una con el cuidado y el celo de un economista escocés. Ese dinero se transformaría luego en música envasada, como diría la abuela de un amigo mío, quien afirmaba que «el disco fonográfico es música en conservas». Al poco tiempo ya tengo una pequeña colección donde figuran las orquestas de Benny Goodman, Artie Shaw, Louis Armstrong y Count Bassie.

Entre la música de la radio y el tocadiscos que pongo cuando llego de la escuela, mi casa es un baile permanente en el que predominan los ritmos más variados.

Como jugador de baloncesto soy un fracaso. Intento estudiar música. Quiero ser baterista como Gene Krupa o Buddy Rich. Algunos amigos que conocen el tema me recomiendan al maestro Alcalá, reconocido profesor de batería. La primera clase me tiene practicando con los palillos sobre una goma durante dos horas. La segunda clase es un calco de la primera. A la tercera, me digo, «Esto no es para mí».

Ha muerto un gran baterista.

Donde me va bien deportivamente es en atletismo. En 1952 me consagro subcampeón argentino representando al Club Atlético Independiente. Allí tengo por compañeros a atletas excepcionales de la talla de Osvaldo Suárez, campeón de la Maratón de San Silvestre, Brasil, por tres años consecutivos.

Así transcurre mi vida de adolescente. Entre el colegio, el deporte y la música.

Un hecho que conmueve a mi país es la muerte de Eva Perón tras una larga y penosa enfermedad. Su deceso se produce cuando cuenta con 32 años. La clase trabajadora argentina pierde a su defensora máxima. Cientos de miles de personas se vuelcan a la calle para expresar su dolor ante el paso del féretro. El día es gris. Niños, mujeres y hombres de todas las edades lloran desconsoladamente la pérdida de su líder. Los humildes y desposeídos están de luto.

El mundo sigue en conflicto. Corea y la guerra de Indochina parecen no terminar nunca. La Unión de Repúblicas Socialistas Soviéticas, URSS con la cortina de hierro, se separa del mundo libre.

Bailando, Fred Astaire y Cid Charisse llenan de admiración al público del mundo entero. Un ritmo nuevo hace explosión en las pistas de baile de América y Europa de la mano de Dámaso Pérez Prado. Es el mambo.

Concurro al primer concierto de música clásica. Mientras espero y pasan los minutos me hago las siguientes preguntas: ¿Me gustará? ¿Y si me aburro, qué hago? Ya sé. Me levanto y me voy. No. No puedo. Estoy sentado en medio de la platea. Soy uno de los espectadores más jóvenes esa noche. La mayoría del público es gente mayor. Se apagan las luces, aparece el pianista. La gente aplaude. El pianista saluda, se sienta y tras varios segundos de silencio sus manos se deslizan ágiles sobre el teclado, interpretando a Chopin. Me gusta. Me gusta más de lo que imaginaba. Entre música y aplausos las dos horas del concierto pasan volando. Al final, la gente aplaude de pie. El concertista saluda en repetidas ocasiones. Nunca habría de olvidar su nombre: Raúl Spivack.

Argentina gana los Juegos [deportivos] Panamericanos. Entre los brasileños, se destaca el campeón mundial de salto triple, Adhemar Ferreyra Da Silva. El deporte y la música siguen siendo mi gran pasión. Novoa y Díaz me llenan los ojos jugando a la pelota paleta. Ni qué hablar del campeón mundial de esa especialidad, Néstor Delguy, quien tiempo después sería gran amigo mío.

Racing Club de la ciudad de Avellaneda es como mi segundo hogar. Aquel que no me encuentra en mi casa me encontrará en el Club, practicando algún deporte, jugando al billar, o simplemente de charla con los amigos.

Al pasar de los años, vamós tomando noción de palabras y sus significados. Las primeras que nos inculcan son educación y responsabilidad. Ambas separan lo correcto de lo incorrecto.

Esto no podemos divorciarlo de Dios, ni separarlo en segmentos, pues está en los Diez Mandamientos.

«Amarás a tu prójimo como a ti mismo».

Este mandamiento revela a las claras la actitud positiva del amor y respeto con que debemos tratar a nuestros semejantes, a nuestros padres, a los mayores, a los ancianos, impedidos físicos y desamparados.

El hecho de no mentir, de decir siempre la verdad, desemboca fijando normas y conductas que marcan lo correcto de lo incorrecto.

Si analizamos cuánto más fácil es hacer lo correcto y lo que significa evitarnos momentos desagradables, de incertidumbre y la angustia de ser descubiertos, no dudaremos en seguir este patrón de conducta. Los beneficios son innegables.

La verdad da seguridad, tranquilidad espiritual, paz interior, y esto a la postre formará al individuo y a su alma, dotándolo de una personalidad diáfana y transparente.

El primer paso hacia lo incorrecto es la mentira; arma esgrimida y manejada sutilmente por unos, y con torpeza por otros. Los primeros son los que hacen de la mentira una industria, usándola en todo terreno y en todo momento.

Lo peor que le puede pasar a un ser humano es que la primer mentira le salga bien; es decir, que no sea descubierto. Esto alimentará la tentación de manejar con habilidad una segunda mentira, una tercera y otra más, haciendo de la mentira algo habitual y normal.

Cuánto les cuesta a algunos adolescentes incorporar esas palabras a su estilo de vida. Por más que las conocen, las ponen en práctica a su manera y conveniencia. Por eso, la adolescencia empieza a ser cargada de responsabilidades y preceptos que terminan haciendo incómodo su andar cotidiano.

El ser humano tiene la tendencia a hacer lo que le place. Esta reflexión me lleva a recordar momentos de mi vida muy difíciles que no supe manejar con la verdad por el temor que la verdad produce, ignorando lo que produce la mentira. El efecto de esta es devastador, pero cuando se es joven uno no se da cuenta que está empezando a transitar por un camino peligroso.

Esto me trae recuerdos de un día en que la profesora de Geografía me pide que pase al frente para dar la lección que debíamos preparar el día anterior. Como yo no había estudiado, invento una excusa valedera para salir airoso de ese difícil momento. No encuentro mejor excusa que decirle que mi mamá estaba enferma, por lo cual no había podido estudiar. La profesora me dice, entonces: «Prepara para mañana la lección y que tu madre se mejore». Me siento, respirando con alivio. Creía que lo peor había pasado, sin darme cuenta que lo peor acababa de comenzar. Un sentimiento de intranquilidad me había invadido. Había algo que no funcionaba bien dentro de mí a pesar de que la profesora me había creído. Era una inquietud interna que no me dejaba pensar. Era mi conciencia. Al otro día, la profesora no me llamó a dar la lección, pero al preguntarme por la salud de mi madre, me hizo revivir por segunda vez la mentira. Hoy, después de tantos años, me he dado cuenta que la profesora no me creyó. Evidenciando gran inteligencia, me había puesto ante el espejo de mi conciencia, pues durante largo tiempo, cada vez que me encontraba con ella, me preguntaba por la salud de mi madre.

No obstante eso, de vez en cuando para salir del problema producido por una mala actitud, seguí usando la mentira como método inocente pero valedero e incluso útil para salvar esa situación, sin darme cuenta de los problemas que me acarrearía con el tiempo. Pues había mentiras que tenía que salvar con otras y a su vez, estas no solo me quitarían el sueño, sino que me harían perder la tranquilidad, cayendo en pozos depresivos que incidirían en mi vida y en mi andar cotidiano, costándome a veces la salud física y espiritual, y que otros se quedaran con el fruto de mi esfuerzo solamente por mi culpa.

La primer influencia de la educación es la que recibe el niño en su propio hogar, adoptando este modelos y actitudes de los padres. Por eso, desde su más tierna infancia, el niño se transforma en un gran imitador de lo que ve y escucha en el hogar. Si los padres hablan a los gritos, el niño también lo hará. Si los padres acostumbran a insultarse, lo primero que aprenderá el niño serán malas palabras. Si en el matrimonio hay una gran indiferencia entre los cónyuges, el niño terminará por ser un tímido. Y si hay violencia en el hogar, el niño será un violento en potencia. En cambio, si el niño ve en sus padres amor, tolerancia y respeto, tendrá una sonrisa dibujada permanentemente en su corazón y en el rostro.

Gracias a Dios en mi hogar siempre reinó entre mis padres el amor, los buenos modales, la tolerancia y la felicidad. Mi papá, «el Negro» como le decían sus amigos, llegaba del trabajo a las cinco o seis de la tarde siempre con una sonrisa. Por lo bueno y amistoso, era muy querido y popular en el barrio. No recuerdo que alguna vez me haya levantado la mano. Muy rara vez se enojaba y cuando se enojaba, se le pasaba en seguida. No era rencoroso. Siempre tenía una palabra de afecto y de cariño para mi madre.

Un día en que yo ya estaba listo y cambiado para ir al baile, por algo que no recuerdo que fue le contesté mal. Sin levantar la voz, me dijo: «¡Desensillá el caballo!» Con esa orden quería decir que me sacara la ropa y que no iría a ningún lado. Para mí era una de las más grandes injusticias. ¡Yo, un sábado, quedarme en casa, habiendo baile en el Club! Empiezo a protestar una y otra vez. Mi padre, sin sacar la vista del diario, me repite en voz baja pero con tono serio: «¡Desensillá el caballo!» Con el ceño fruncido por la bronca ante tamaña injusticia, me saqué el traje, la camisa y la corbata y me puse ropa más cómoda. Mi padre me invitó a sentarme a su lado, dobló el diario y lo guardó, encendió la radio y puso una emisora que transmita directamente obras de teatro que se daban en el centro de la ciudad. A la media hora nos estábamos riendo como locos. Fue ese uno de los sábados más lindos de mi vida pasados junto a mi padre.

Doña Concepción, mi madre, es la hija menor de un matrimonio de sicilianos de la provincia de Catania que tuvieron cinco hijos: dos varones y tres mujeres. Familia muy conservadora cuya unión familiar era requisito indispensable impuesto en aquella época por mi abuelo, hombre serio, de pocas palabras pero que sabía lo que quería, especialmente lo que esperaba de sus hijos: una familia unida.

Las mujeres desarrollan tareas del hogar bajo la celosa mirada de la madre. Todas cocinan muy bien. Son especialistas en comidas bien condimentadas, en tortas y dulces. Algunas son muy hábiles con el bordado y otras con el tejido a mano. Muy rara vez salen a la calle sin el permiso del padre o del hermano mayor, que es el que tiene la autoridad cuando el padre no está en casa.

Los sábados, el ir a tomar un helado o a ver una película en el cine más cercano es toda una aventura. Ni siquiera insinuar ir a un baile, pues no está permitido para jovencitas en edad de merecer.

El paseo por la plaza principal después de la misa de once del domingo es la válvula de escape para que las jóvenes puedan tomar contacto con los muchachos de su edad aunque solo sea en forma visual. En sus rostros se dibujan sonrisas y miradas llenas de una romántica inocencia.

Muy de vez en cuando hay alguna fiesta. Los parientes cercanos y lejanos se encuentran solamente en los velorios, casàmientos o el bautismo de un recién nacido. En contadas ocasiones aparece un primo recién llegado de Italia.

Recuerdo cuando niño el casamiento de una prima de mi mamá. La mayoría de los hombres visten de oscuro, con traje y chaleco, con su correspondiente reloj con cadena; grandes bigotones; camisa blanca, corbata de seda negra sujeta con un alfiler. Las mujeres visten de diferentes colores, con vestidos de terciopelo traídos de Italia. La orquesta está compuesta por cuatro instrumentos: guitarra, mandolín, acordeón y flauta. Los chicos corretean por el patio, jugando a las escondidas, llevándose por delante a alguna que otra vieja despreocupada. Las mujeres hablan, hablan y hablan, mientras otras hacen su aparición en la fiesta con bandejas de sándwiches de miga, canapés salados y bocadillos especialmente preparados por ellas.

Al rato se arma el baile. Antiguos valses y alguna que otra tarantela son la excusa para que los invitados den rienda suelta a su alegría.

Los jóvenes bailan casi toda la noche, mientras que las mujeres mayores se han descalzado, torturadas por los zapatos nuevos. El vino, hecho por algún pariente experto en pisar uva, pues así se hace el vino casero, hay que tomarlo rápido porque si no, fermenta. Otros prefieren la sidra o la cerveza.

Turido, el fotógrafo del barrio, ha preparado la cámara de fuelle y el magnesio para fotografiar a los novios que luego se despedirán para irse de luna de miel. El novio, soportando las bromas de sus amigos, en tanto que la novia escucha los últimos consejos de su madre. Una lluvia de arroz cae sobre sus cabezas mientras suben al automóvil de alquiler que los llevará a la estación de trenes. Las camas están llenas de carteras, de tapados de señoras, de pequeños niños durmiendo.

La fiesta ha terminado.

Mi padre no suele repetirme muchas veces las cosas. Le molesta el tener que reiterarme alguna corrección sobre algo que está mal hecho. Aparte de la educación, en lo que más hace hincapié es en la responsabilidad. Siempre me dice que un hombre irresponsable no logrará jamás ganarse la confianza de sus semejantes. Que una persona digna en todo el sentido de la palabra es responsable de todos sus actos, condición indispensable de todo hombre de bien.

El primer trabajo lo realizo cuando aun no cuento con diez años. Vivimos en el barrio de Belgrano, calle Cabildo 2442, al lado de la Optica «La Confianza», frente a la Casa de Música Calarco, y a escasos metros de la Pizzería Burgio.

Estamos en plenas vacaciones escolares. En la esquina hay una farmacia llamada Farmacia «Radhium». Un día, sin que mis padres se enteren, voy a ofrecerme como cadete para mandados, pues en la puerta hay un cartel donde solicitan uno. El farmacéutico me acepta y me pongo a trabajar de inmediato.

Mientras mi madre cree que estoy jugando, yo estoy llevando los remedios y medicinas a los domicilios de los clientes, todo en forma secreta. Así pasa un mes. Me levanto a las ocho de la mañana, digo que me voy a jugar y me voy para la farmacia. Hasta que un día le doy a mi madre la gran sorpresa. Le cuento toda la verdad mientras le entrego mi primer sueldo, 34 pesos con 50. Ahí le empiezo a tomar gusto al trabajo. Ese dinero que he ganado significa el resultado de mi propio esfuerzo.

Mi segundo trabajo es cuando tengo 12 años. Un vecino

nuestro tiene un negocio de distribución de bebidas gaseosas y cervezas. Me toma a prueba durante una semana. Tengo que subir y bajar los cajones de botellas de bebidas en bares y confiterías. Cada cajón pesa cerca de quince kilos y en cada lugar hay que cargar entre treinta y cuarenta cajones y descargar otros tantos. Cuando terminamos esa tarde, llego a mi casa muerto. Me duele hasta el pelo. Me voy a la cama sin comer. Al otro día, renuncio.

Tras este primer fracaso hago otro intento. Esta vez el trabajo es mucho más liviano y más limpio. Vendo casa por casa, negocio por negocio, fábrica por fábrica «lo que nunca debe faltar en el hogar». Es el slogan que uso para vender. Nunca me imaginé que sería tan difícil vender un diccionario. Tras veinte días de caminata por distintos barrios bajo los ardientes rayos del sol, sudando como un beduino, habla que te habla, explica que te explica, logro vender... un diccionario. Para qué contar lo que son los días subsiguientes. En síntesis, segundo fracaso.

Tercera intentona. Sigo estudiando en la secundaria. Mi padre nos mantiene a mi hermano, a mi madre y a mí sin que sobre el dinero para nada sino todo lo contrario. En mi casa el dinero nunca alcanza. Un día, un amigo me detiene en la calle para decirme que tengo la oportunidad de ganar mucho dinero con un invento que acaba de fabricar. Son cuatro caños de un metro por ochenta centímetros y con una ruedita en cada ángulo. Este invento de mi amigo es, según él «lo que hace falta en el hogar». Elemento indispensable que cuando lo ofrezca, cada ama de casa no solo lo comprará sino que caerá de rodillas, agradeciéndomelo. Ante este panorama ya me he olvidado del fracaso anterior. ¿Para qué sirve el aparato? Para ponerlo debajo del refrigerador, así el ama de casa lo correrá con facilidad para poder limpiar todos los rincones que ocupa el refrigerador. «¿No es genial?» espeta mi amigo. «Desde hoy cambia tu vida. Preparáte para ganar el dinero que ni te imaginas». Tomo los cuatro caños y me voy para mi casa. Cuando me ve, mi madre me pregunta qué es eso. Yo le digo, «Es una sorpresa. Mañana te cuento todo».

Mientras como, ensayo mentalmente los argumentos de venta que emplearía al día siguiente. Me levanto a las siete de la mañana. Salgo a la calle con aire de triunfador mientras me pregunto qué ama de casa podría dudar en comprarlo. El resultado ya ustedes lo habrán adivinado. Nunca vendí ni uno.

Mi hermano Tito, cuya única preocupación es jugar como todo chico de su edad, vive de lo más feliz. Siempre lo veo corriendo. Va y viene tras una pelota. Está siempre en la calle con cuatro amiguitos de su edad. Siempre sonriente, traspirando, con los cachetes colorados. Poco a poco se va transformando en mi mejor amigo. Yo, como su hermano mayor, tengo la responsabilidad de cuidarlo. Va conmigo a todos lados: al Club, al cine, a la plaza donde nos encontramos con todos los muchachos. Así va creciendo. Y crece tanto que a los quince años le ponen de sobrenombre el Yeti (el «Hombre abominable de las nieves») todo por su gran contextura física. Rara vez nos peleamos, pues siempre fue mi gran compañero. En vez de cuidarlo yo a él, me cuida él a mí.

Desde muy niño, los maestros me inculcan el interés por los libros. Nos aconsejan permanentemente leer alguna que otra obra de autores importantes que están de moda por esa época.

El primer libro de texto que leo es el inolvidable «Platero y yo» de Juan Ramón Jiménez, pasando mucho después a Martin Fierro, de José Hernández. Siendo más grande, leemos El Quijote, de Miguel de Cervantes y Saavedra, y a otros autores tales como Alfonsina Storni, Gabriela Mistral y Rubén Darío. Siempre voy a la biblioteca del barrio que está en la calle French o a la del Club con su bibliotecario al frente, el señor Ochipinti quien nos aconseja con su experiencia y amabilidad habitual lo que debemos leer.

Un día, no sé cómo, viene a parar a mis manos un libro de Edgar Alan Poe, cuentista y poeta americano cuya vida tétrica y tortuosa está reflejada en cada historia por él escrita. De todos sus cuentos, los que más me impresionan por su contenido son «El barril de amontillado» y «El corazón delator», obras que trasuntan el talento natural de este hombre mezclado con un *delirium tremens* provocado por su vocación al alcohol desde muy joven, dejándome un sabor intelectual interesante y muy amargo a la vez.

De los autores que escriben sobre el humor paso por Chesterton, cuyo texto me resulta un tanto pesado literariamente hablando, pues a mi edad no estoy preparado para leer e interpretar al gran ensayista inglés. No así con Richard Armour, cuyo libro, «Y todo comenzó con Eva» hace gala de su inteligencia e histrionismo condimentado con una ironía inimitable, pasando por la historia del mundo a través de sus mujeres más famosas. Ni qué decir del inolvidable Enrique Jardiel Poncela. El solo nombrarlo me produce un sentimiento de alegría y admiración con su «Amor se escribe sin hache» y «Espérame en Siberia, vida mía».

De los autores argentinos al que recuerdo con especial admiración es a Julio Cortazar quien, en mi modesta opinión, es uno de los más grandes cuentistas que ha dado el mundo. ¡Cómo me hubiera gustado escribir como él! Su breve cuento, «El pulover azul», que leo y releo decenas de veces, me hace envidiar su genio literario, su poder de síntesis y su claridad de conceptos. Otra de sus obras que me cautiva es «La autopista al sur», cuento escrito con dramática imaginación y una maestría poco común. Amante del jazz, en sus ratos libres toca la trompeta. Siente gran admiración por los grandes intérpretes de este instrumento.

Así transcurre mi vida, sencilla y austera.

Seguimos viviendo en la vieja casa de la calle Marconi. Un personaje que me llama poderosamente la atención en mis tiempos de muchacho es un hombre de unos treinta años de edad con el que me cruzo en la calle una o dos veces por día. Tiene la particularidad que le faltan las dos piernas. Se desliza apoyando sus manos en el piso, sentado sobre un almohadón de cuero. Es admirable la manera cómo se mueve, cómo sube las escaleras y a los autobuses. Siempre sonriente. Para mí es un ejemplo de valentía y de actitud positiva frente al infortunio. A pesar de que le faltan sus dos piernas, su accionar demuestra todo lo contrario, evidenciando una fuerte determinación a no dejarse vencer por su triste destino.

Voy con mis amigos a ver al famoso equipo de baloncesto de los Estados Unidos, los *All Stars*. Hacen su entrada a la ancha con un uniforme bellísimo, acorde con su nombre. Todos los jugadores miden un promedio de dos metros. El último en entrar es un jugador con una estatura que no pasa del metro setenta. Ustedes se preguntarán qué tiene que ver este relato con el infortunio. Sencillamente ese jugador de baja estatura, de apellido Stanish no solo es bajo, sino que le faltan tres dedos de una mano. Y a pesar de todo eso, es la estrella del equipo.

Lo mismo pasa con el director del *Hot Club* de Francia, el mundialmente famoso guitarrista Django Reinhart, a quien le faltan varios dedos de una mano. Al escucharlo, uno no solo se olvida que le faltan dedos, sino que, por su calidad interpretativa, pareciera que le sobraran.

Para este tiempo ya bailo mejor el tango, pero un nuevo ritmo, más sencillo y más romántico sirve como excusa para conquistar a las muchachas mientras se baila. Hace su aparición en mi vida el bolero.

Cuba, que exportaría tantos ritmos diversos y cautivantes, llena de boleros el mundo musical con grandes cultores como el inolvidable Benny Moré, Fernando Albuerne, el genial Bola de Nieve y su máxima estrella, Olga Guillot. Chile exporta al más grande cantante de boleros de todas las épocas, Lucho Gatica, sin olvidar al argentino Daniel Riolobos, cuya voz y calidad intrepretativa asombra a todos. Entre mis autores preferidos figuran nombres como Mario Clavel, René Toulzet y César Portillo de la Luz. México no se queda atrás con sus estrellas Agustín Lara, Pedro Vargas, el Trío Los Ases, Los Panchos, Manzanero y los Hermanos Castro. Todos ellos influirían en mi vida musical.

Las películas de acción dan paso a las cómicas y a las comedias musicales. El actor argentino Pepe Arias, llamado «el rey del monólogo» hace películas memorables como «El sobretodo de Céspedes». Pepe Iglesias, «El Zorro» triunfa en la radio creando una galería de personajes a los que luego llevaría a la pantalla grande. Sandrini hace reír y llorar con «Juan Globo» y «La Casa Grande». Dringe, Castrito y Stray llenan los teatros de revistas. Red Skelton, Danny Kaye y Bob Hope con Bing Crosby matan de risa a todos sus públicos. Glen Miller está otra vez de moda.

La penicilina salva a millones, gracias al Dr. Alexander Fleming.

Comienza el verano. Todos mis amigos van a Mar del Plata en el mes de febrero. Yo quiero ir, pero mis padres no me pueden dar el dinero que se necesita para el viaje y la estada. Con el hospedaje no tengo problemas, pues allí vive mi tía Clotilde, que es la primer violoncellista de la Sinfónica de Mar del Plata, pero para lo demás me hace falta cierta suma de dinero. Corre el mes de diciembre. Tengo todo el mes de enero para conseguir un trabajo aunque sea por un mes. Un amigo me consigue una entrevista con el jefe de personal de la Imprenta Bartolomé U. Chessino, que está a la vuelta de mi casa. El lunes voy a la entrevista y el martes ya estoy trabajando por un peso ochenta y cinco la hora, de seis de la mañana a las dos de la tarde. El primer día mi madre me despierta a las cinco de la mañana. Me lavo la cara y los dientes como un autómata. Todavía tengo pegada la almohada. Me voy caminando por la calle solitaria. Llego media hora antes de lo convenido. A las seis empiezo a bajar de un camión con acoplado resmas de papel de cerca de cuarenta kilos cada una, terminando la descarga a las ocho y media de la mañana. Los primeros rayos del sol empiezan a calentar el techo de chapa de los baños, lugar donde se encuentra el bebedero de agua con hielo, donde todos los obreros apagan su sed. No alcanzo a tomar el primer sorbo cuando aparece el jefe de personal diciéndome en tono enérgico: «¡Rapidito, pibe, que esto no es un club!» No es necesario que me lo aclare porque ya me he dado cuenta.

El primer día llego a mi casa a las dos y media de la tarde. Caigo de bruces en la cama. Entre el calor, el trabajo y el jefe de personal me siento completamente agotado. Hasta se me ha olvidado almorzar, cosa inusual en mí. Duermo profundamente hasta las seis y media de la tarde. No estoy acostumbrado a trabajar, menos bajando de un camión bultos de cuarenta kilos, acomodando libros o realizando alguna otra tarea parecida con el calor intenso que empieza a hacer en esa época del año. Mis compañeros son todos buena gente. Un día, el jefe de personal me dice: «Hoy empiezas a trabajar en la amansadora». El nombre me suena un poco extraño. La amansadora está en otra sección de la imprenta que yo aun no conozco. Es una mesa de metro y medio de ancho por diez de largo, donde están apilados capítulos por capítulos los libros. El trabajo consiste en ponerlos por orden numérico y al final llevarlos a la máquina cosedora. Una vuelta, un libro; otra vuelta, otro libro. Yo digo para mis adentros: «¡Qué fácil es esto! Hasta un niño lo puede hacer». A la vuelta número veinte, traspirando por el calor reinante y totalmente mareado, sigo apilando libros capítulos por capítulos. A las dos horas no sé dónde estoy parado ni cómo me llamo, pero me he dado cuenta por qué le dicen la amansadora. Ahí, a los nerviosos se les van todos los nervios.

No llego al mes. Con lo que he ahorrado en veinte días me basta para irme de veraneo con mis amigos.

Llega el día D. Mis amigos y yo abordamos el autobús que nos llevará a Mar del Plata. Llegamos al mediodía con tan mala suerte que llueve y hace frío, cambios que se dan usualmente en esa ciudad veraniega por estar tan al sur. Pero no nos importa. Igual vamos a la playa. Jugamos toda la tarde al fútbol. La arena está fría. Para qué contarles cómo está el agua, pero cuando se es joven, uno se atreve a todo, hasta a desafiar las inclemencias del tiempo. En síntesis: la mayoría de nosotros con gripe. Té caliente, aspirinas y dos días de cama. Sale el sol. Son dos semanas inolvidables. Yo y mis amigos nos hemos tomado la revancha con el tiempo.

Tengo dieciséis años cuando me enamoro perdidamente por primera vez. Ella tiene veintidós. Es rubia platinada. Su sonrisa angelical se dibuja con mohines muy graciosos con cada movimiento de su rostro. Nació en los Estados Unidos. ¡Es mi primer amor y está tan distante! Yo la miro una o dos veces por semana. A veces una vez al mes, pero ella no repara nunca en mí. Su nombre es Betty Grable, artista de la Metro Goldwyn Mayer. Está casada con Harry James, famoso trompetista que tocara con Benny Goodman. Como mi intención no es provocar un divorcio, sigo sufriendo en silencio mi primer desilusión amorosa.

La primer película en que la veo es «Diamantes y mujeres». Basta con que aparezca para que me enamore de ella. Hace pareja con Dick Hames, cantante muy apuesto que en la década del cincuenta compite muy seriamente con Frank Sinatra. Lo que mucha gente no sabe es que Dick Hames, creador del tema *More I see you more I love you* nació en Argentina, en la ciudad de Mercedes.

Dentro de las cosas desagradables de mi vida, la mayoría ya olvidadas, hay una que no la puedo sacar de mi memoria. El solo pensar en ella, el solo escuchar su nombre, me produce una sensación de odio interno que no pude superar con el tiempo. Sé que muchos me comprenderán y que cuando diga su nombre sentirán el mismo asco y repulsión que yo. Ahí va: las matemáticas. Perdonen que haya tocado este tema que a muchos no los ha dejado dormir, ni siquiera pensar, pero no tengo más remedio que decirles la verdad.

Cada vez que se avecina la hora de las matemáticas, mi ser sufre una metamorfosis más o menos parecida a la que sufre el actor Lon Channey cuando sale la luna llena y se transforma en el hombre lobo. Para mí, cada profesor de matemáticas es un enemigo en potencia. No quiero exagerar ni ser reiterativo, pero solamente yo sé lo que he sufrido desde cuando la maestra de segundo grado me preguntó la tabla del nueve. Para mí, con saber que dos más dos son cuatro es suficiente... Y lo peor es que con lluvia, tormenta e inundaciones, los profesores de matemáticas no faltan nunca. Cada vez que entran al aula y dicen «saquen una hoja, hay prueba escrita» se les dibuja la sonrisa tipo Drácula, donde el que no sabe la lección tiene que poner la yugular.

Mi profesora de inglés es *miss* Omar, mujer seria, de unos treinta y cinco años, amable y enérgica a la vez. Nos tiene gran paciencia, especialmente a los que nos sentamos atrás de todos. Una mañana pierde los estribos cuando uno de los alumnos le pide permiso para ir al baño, diciéndole: «Señora, ¿puedo ir al *pipi-room*?» Todos nos reímos a carcajadas, menos ella, que le pone quince amonestaciones.

Raúl Tooper, compañero de banco que con los años llegaría a ser uno de los más grandes abogados criminalistas, cuando no sabe la lección siempre pide permiso para ir al baño. Un día le pide permiso al profesor de Contabilidad. El profesor, socarronamente, le pregunta: «¿Va a hacer pi-pí?» A lo que él le contesta: «¡No. Ca-cá!» En síntesis, risas a granel y todos amonestados.

La mayoría de los alumnos, el día que no estudiamos, nos

hacemos la rata. Esto consiste en hacer creer a nuestros padres que vamos a la escuela y no vamos, faltando a clases. Dejamos los libros en el café más cercano, que luego retiramos a la hora de salida, dándole una propina al dueño. Nos vamos al zoológico o al centro de la ciudad a escuchar música en las casas donde venden discos. Un día me hago la rata con el Negro Rodríguez, un amigo que va a otra escuela, con tan mala suerte que cuando vamos caminando por el centro de la ciudad, el padre del Negro nos ve desde la ventanilla del autobús. El Negro Rodríguez pierde automáticamente el humor que lo hiciera tan famoso. Su preocupación es evidente. ¿Cómo enfrentará a su padre? ¿Qué explicación le dará por encontrarlo en la calle cuando se supone que tiene que estar en clases? Lo acompaño hasta la casa. El Negro va muerto de miedo. Entra el padre y en forma amenazante lo toma de la solapa y le dice: «¡Te voy a moler a palos!» El Negro pesa 45 kilos y mide un metro 70. Solamente con estornudar el padre le podría hacer daño. El Negro, viendo la situación difícil, agudiza el ingenio que lo caracterizó siempre, y le dice: «¡Papá, un momento! ¿Vos le pegarías a un tipo tan flaco como yo? Pensálo bien. Por lo menos esperá a que engorde un poco». El padre suelta la risa. El Negro ha salvado la situación.

En la radio, yo escucho tres audiciones: Jazz Moderno, con Basualdo; RPM45, con Jorge Raúl Batallé; y Jazzlandia, con Fernando Volpe. Este último trasmite desde Radio Splendid todos los sábados de tres a cuatro de la tarde. Un día, anuncia que presentará en vivo a un nuevo valor del jazz moderno: el Quinteto de Lalo Shiflin. Las entradas hay que retirarlas en la portería de la radio con dos días de anticipación. Yo retiro la mía y ese sábado, media hora antes, estoy primero que nadie en la puerta con mi entrada en mano. Pasa el tiempo y no llega nadie más. A las tres menos diez me hacen pasar al auditorio,

sentándome en la primer fila. Los músicos están en los
últimos preparativos, Me doy vuelta para ver si ha llegado
alguien más. Sigo solo aquel día sábado, a las tres de la tarde.

Soy el único que se ha interesado en el concierto. Faltando
tres minutos para comenzar, Lalo Shiflin se acerca y me dice:
«Gracias por haber venido, pero por favor, no aplauda».

Después del segundo tema, la gente empieza a llegar. Y
para el tercero, el auditorio está repleto. Un congestiona-
miento en el tránsito en la Avenida Santa Fé debido a un
accidente había impedido a la gente llegar a horario.

Con el tiempo, Lalo Shiflin emigraría a los Estados
Unidos, donde triunfaría como director, arreglador y autor de
música de muchas películas importantes de la Metro
Goldwyn Mayer, ocupando el mismo sitial en importancia
que Henri Mancini.

Nos encontramos varias veces con Lalo. Una vez viajamos
juntos a Mar del Plata y esa noche lo invito con su esposa a
verme en mi teatro. Otra vez nos encontramos para desayunar
en el Plaza Hotel. Hace dos meses hablamos durante media
hora por teléfono recordando anécdotas y a viejos amigos.

¡Quién no ha pasado por el difícil trance de un dolor de
muelas! Casi todos hemos tenido esa experiencia. Mi primer
dolor de muelas no lo olvidaré jamás no solo por su intensidad
sino por la manera tan especial en que se me fue. Dicen que
cuando uno tiene un dolor, cuanto más se queja y más piensa
en él, este se acentúa cada vez más. El que descubrió este
aspecto de la sensibilidad humana tenía toda la razón del
mundo.

Una mañana me levanto con una neuralgia en una de mis
muelas. Mientras más me quejo, más me duele. A las tres de la

tarde me encuentro con un amigo en el Club y me dice que en el cine más próximo dan una película cómica donde trabaja un comediante muy gracioso, que por qué no voy a verla, a lo mejor riéndome me olvido un poco del dolor.

El dolor que siento es tan grande que casi no puedo hablar. Es día sábado, lo que quiere decir que no hay ningún dentista disponible. Así es que sin dudar ni un segundo me voy al Cine Mitre donde dan la película. Entro, y me siento, con la esperanza que ese cómico me haga reír un poco y así pueda olvidarme del dolor. No solo me río sino que me divierto tanto que cuando termina la película casi no tengo dolor gracias a la actuación genial de Jerry Lewis. La película era «Qué suerte tiene el marino». Con su compañero de tantos éxitos, Dean Martin, hace que me recuerde de aquella sección de Selecciones de Reader's Digest, «La risa, remedio infalible».

¡Qué bueno es reírse! Debe ser una de las mejores terapias que curan males físicos y espirituales. ¡Pobre de aquel que no sabe reír! La alegría, arma poderosa para poder vivir, hay que buscarla de cualquier manera. Reír, sonreír, es lo que marca la diferencia entre un pesimista y un optimista. El pesimista dice, «Tengo media botella vacía», y el optimista dice, «Tengo media botella llena». El pesimista todo lo ve gris; para el optimista todos los días son de sol. El pesimismo crea dudas, tristeza, fatalismo; en cambio cuando se es optimista se atrae todo lo bueno. El pesimista duerme sobresaltado; el optimista ronca de felicidad. El pesimista se despierta con el ceño fruncido; el optimista, cantando. El pesimista siempre tiene mal carácter; el optimista es simpático y jovial. El pesimista se enferma más a menudo; el optimista, no.

Yo siempre quise reír. Tengo la necesidad de hacerlo, por eso siempre que voy al cine busco películas cómicas. ¡Cómo me divierten Laurel y Hardy, Carlitos Chaplin y su genial película «Tiempos modernos», donde denuncia la automatización del hombre. Los tres hermanos Marx. Quién no recuerda a Groucho Marx con sus cejas tupidas y su gran cigarro en la película «Una noche en la ópera». A Jacques Tati, magnífico comediante francés. A Fernandel, con su carota graciosa en la escenificación de Don Camilo. A Totó, a Memo y a Mario Carotenuto, comediantes italianos. A la gran Nini Marshall o a Olinda Bozán. A todos ellos mi homenaje y agradecimientos por todos los momentos felices que con su arte hicieron vivir a tanta gente.

Hoy es un día de fiesta para mí y mi familia. Mi padre, tras varios años de conciertos de tos, ha dejado de fumar. Ha dado este gran paso que no todos se atreven a dar. Claramente recuerdo la preocupación de mi madre al escuchar a mi padre toser y toser todas las noches. Sin embargo, yo hace cuatro años que he empezado a fumar. A pesar de saber el daño que produce el tabaco en el organismo del fumador, sigo fumando. Nueve de cada diez de mis amigos lo hacen. Fumamos cigarrillos rubios: American Club o Clifton.

Los días sábados, algunos se dan el lujo de comprar cigarrillos americanos que están muy de moda, como el Lucky Strike y el Chesterfield.

Los días sábados, algunos de los muchachos tienen un aliento muy especial que las chicas no soportan cuando las sacan a bailar. ¿A qué se debe? Simplemente a que los muchachos, antes de ir a bailar, se comen dos o tres porciones de pizzas de anchoa y de cebolla con moscato. Para rematarla, se fuman dos o tres cigarrillos antes de entrar al baile. Entonces, para matar el aliento a tabaco, a anchoas y a cebolla, se van a la farmacia y compran unas pastillas con sabor a jabón y menta llamadas «Sen-sen». Así es que cuando uno de los muchachos saca a bailar a una chica, apenas abre la boca se le siente un aroma a media de pirata o a revolcadero de gorilas.

Los perfumes que usan las chicas y los muchachos son de aromas muy variados, destacándose los perfumes florales en las mujeres. Entre ellos hay uno que cuando alguna se lo pone, el aroma se siente a dos cuadras. Es terriblemente fuerte, insoportablemente fuerte, dulce y persistente. El solo recordarlo me produce dolor de cabeza. Su nombre, «Tulipán negro». En cambio, los muchachos usan colonia fresca con aroma a lavanda.

Las mujeres se hacen la permanente en la peluquería de su barrio, mientras que la mayoría de los muchachos nos peinamos con gomina marcas Fixina o Brancato, hechas con goma tragacanto de Persia. Otros usan brillantina perfumada marca Glostora. Los más humildes se peinan mojándose el pelo con jabón de lavar ropa.

Los trajes que se ponen los muchachos son de sacos muy largos, cruzados, con una hilera de seis botones de cada lado. La botamanga del pantalón es muy estrecha, los zapatos puntiagudos y las corbatas de colores tan estridentes que parecen que van al velorio de un payaso.

La moda la ha inventado el cantante de color y director de orquesta de jazz Cab Calloway, creador del tema «Minnie, la oportunista» que cantara en el *Cotton Club* de Nueva York. Pero en la Argentina, la moda la impone Tivito, un dibujante famoso por sus dibujos y creaciones en la revista Rico Tipo.

El más fanático representante de esta moda es el singular boxeador José María Gatica, «El Mono» quien por años mantendría un duelo permanente con Alfredo Prada. Con solo anunciar la presentación de estos dos colosos, se llena el estadio Luna Park, escenario por donde pasan los campeones más afamados del mundo.

El más grande boxeador que he visto en el Luna Park fue el

mejor pupilo que tuvo don Paco Bermudez, quien hizo del boxeo un arte: el arte de no dejarse golpear. Nunca vi un oponente tan sutil, escurridizo, astuto e inteligente arriba de un cuadrilátero. De la única manera que se le podría pegar sería ir a su casa a las cinco de la mañana y agarrarlo dormido; es más, creo que ni así se le podría golpear. Su nombre, Nicolino Locche.

Recuerdo los nombres de otros campeones, maestros del ring, tales como Ray Sugar Robinson, Kid Gavilán, Sandy Sadler, Raúl Rodríguez, Federico Thompson, Pascualito Pérez, y el campeón Carlos Monzón, sin olvidar a Oscar «Ringo» Bonavena, pegador de gran coraje y corazón de niño.

El Luna Park de Buenos Aires no solo es templo del boxeo; allí se han dado conciertos, bailes de carnaval y otras manifestaciones deportivas. Ahí veo por primera vez a los *Harlem Globe Trotters*, equipo de básquetbol de gran dominio de la pelota que traza jugadas de fantasía con gracia y habilidad que hacen delirar al público.

Nunca voy a olvidar a su capitán, Tatum, que hace con la pelota lo que quiere. Lo único que le falta es que al final del espectáculo se la coma. Es tanta la habilidad de este jugador, que al poco tiempo lo contratan de Las Vegas como malabarista en uno de los centros nocturnos de la ciudad de Nevada.

Entran al rectángulo con el tema musical *Sweet Georgia Brown* de fondo, atravesando un disco rojo de papel que dice *Harlem Globe Trotters*.

Todo el deporte me apasiona. Los golfistas Roberto de Vicenzo, Fidel de Luca y Cacho Ruiz cosechan aplausos en todos los *links* de América, al igual que los brasileños Hugo y Mario González; mientras que en Estados Unidos se reafirman los nombres de Ben Hogan, Sam Snead y el sudafricano Gary Player.

En polo seguimos siendo los mejores del mundo, escuela dejada por los hermanos Cabanah, Dugan, y el gaucho Andrade. Siempre tenemos a varios jugadores con diez de handicap. Los Díaz Alberdi y el inolvidable Charlie Menditegui, que aparte de ser un gran jugador de polo se luce como automovilista y que en seis meses, en una apuesta memorable, llega de una cifra a *scratch* en golf, asombrando al mundo deportivo.

Durante la Guerra de Vietnam aparecen los *hippies*, seres un tanto extraños, cuyo lema es: «Haz el amor y no la guerra». Protestan por las calles y en todo lugar, pues la juventud americana no quiere ir a pelear a una guerra absurda, absurda como todas las guerras. Son la continuación de un grupo de jóvenes excéntricos conocidos como los «existencialistas», movimiento impulsado por Jean Paul Sartre y Francoise Sagan.

De repente, hace su aparición un ritmo musical llamado a enloquecer al mundo. Se trata del *rock'n roll*.

Una tarde, voy con mis amigos a ver la película «Al compás del reloj», donde aparece tocando un conjunto de *rock*. Contagiados por su ritmo pegadizo, todos empezamos a bailar en pleno cine, entre las butacas y en los pasillos, en medio de un desorden generalizado. La juventud ha dicho: «Sí. Esta es mi música».

El primer disco que compro es de Bill Halley y sus cometas; el segundo es de Little Richard, quien llegaría a la fama con su tema *Tutti-Frutti*. Otra estrella aparece en el firmamento de la música rockera. Es Elvis Presley que vende millones de discos del tema, «Hotel de corazones destrozados».

A todo esto, el mundo ha cambiado totalmente. Ya no nos peinamos con gomina o brillantina; ahora los muchachos usan el pelo cortado a la romana. Los trajes, de grandes solapas y muchos botones han dejado paso al *blue-jean*, y los zapatos puntiagudos a los mocasines. Todo el mundo baila *rock* mientras que los Plateros hacen suspirar a los románticos con su tema *Only You*.

El cine italiano sigue afirmándose cada día más en el público que gusta del séptimo arte. Roberto Rosselini, Vittorio de Sica, Ana Magnani, Vittorio Gasmann, Alberto Sordi, Aldo Fabrizzi, Hugo Tognasi, Marcelo Mastroiani, Sofía Loren y Gina Lollobrigida son algunos de los nombres rutilantes del momento, conjuntamente con los músicos Bruno Cánfora y Enio Murricone, creadores de tantos éxitos.

La lírica ha dado al mundo nombres como Lauriz Melchior, Beniamino Gigli, Tito Schipa y el fugaz Mario Lanza, destacándose también Lili Pons, esposa del gran director André Kostelanetz; y María Callas, la gran diva, famosa también por su «affaire» amoroso con el griego-argentino Aristóteles Onassis. Todos siguen la ruta que trazaran Caruso, Tita Ruffo y el inolvidable Fyodor Chaliapin.

En el folklore argentino se llenan de gloria Fernando Ochoa, «Los Chalchaleros», «Los Quillahuasi», «Los Fronterizos», Eduardo Falú, Atahualpa Yupanqui, los hermanos Avalos, Margarita Palacios y otros más, herederos de los hermanos Simón, Carlos Mombrun Ocampo, don Hilario Cuadros, Andrés Chazarreta y la Tropilla de Huachi-Pampa.

Hoy empiezo un trabajo nuevo en una casa de remates. De siete a ocho de la mañana hago la limpieza de las oficinas. De ocho en adelante soy el empleado vendedor, el secretario y el recepcionista, todo por la módica suma de trescientos pesos mensuales. Don Alberto Marcotte, hombre muy simpático y elegante, a la vez de ser mi patrón es mi amigo. Todos los medios días cerramos a la una. Me invita a almorzar, viajando en su maravilloso Buick azul celeste. Duraría en ese trabajo dos meses, porque pronto comienzan las clases y tengo que seguir estudiando.

Seguimos viviendo en la vieja casa de la calle Marconi. Sus paredes están descoloridas por los años y por las inclemencias del tiempo. Entre todos los vecinos decidimos pintarla. Pero además de pintarla tenemos que cambiar los techos pues cada vez que llueve tenemos que salir al patio para no mojarnos tanto. Son tantas las goteras que llueve más adentro que afuera.

No obstante, yo amo esa casa en la que he crecido, donde he vivido los años más felices, austeros, pero muy felices, y digo felices para remarcar que a pesar de las limitaciones que teníamos por la falta de dinero que nunca alcanzaba, igual disfrutábamos con pequeñas cosas, con casi nada, donde los juguetes caros estaban ausentes y eran reemplazados por el ingenio que producen los escasos recursos económicos.

Estoy contento pues ayer un amigo me enseñó a jugar al ajedrez. Por lo menos, a mover las piezas. Anoche soñé con caballos y peones, con un enroque, que escondía al rey mientras la reina se movía por todos lados y los alfiles lo hacían en forma diagonal. En fin, me sentía como Raúl Capablanca, el famoso maestro.

Al poco tiempo leo en la pizarra del Club que ese fin de semana hay un torneo de ajedrez. Corro presuroso a inscribirme. Durante dos días estoy repasando lo que me han enseñado. Por lo menos sé mover las piezas.

Ese sábado llego al Club a las nueve de la mañana, con los nervios propios de un debutante. Me presentan a mi contrincante. Joven, de mi edad, peinado hacia adelante y con grandes anteojos de carey marrón. Me mira con total frialdad, casi con desprecio, con los ojos entornados, como perdonándome la vida. Es todo un personaje.

Yo muevo primero. Él me sigue mirando mientras mueve sus piezas. Muevo de nuevo. En síntesis, con una leve sonrisa, me dice: «Jaque mate». ¡Me ha dado jaque mate, pastor, en dos jugadas! Sigue sonriendo. Me dan ganas de darle un trompazo. A los dos minutos, el rumor es general: «Al gordito le dieron jaque mate en dos jugadas». Me levanto y me voy, con una bronca que hacía mucho que no sentía. A la noche me encuentro con mi amigo profesor. Le cuento lo que me ha pasado. Él, agarrándose la cabeza, me dice: «Perdonáme, hermano. Me olvidé explicarte esa jugada, que es la más simple que tiene que aprender todo novato».

No solo había muerto como baterista, sino también como ajedrecista.

Ha pasado un año con los mismos altibajos y la misma austeridad, pero ahora voy a otro club. Es el Avellaneda Automóvil Club, entidad que todos los años organiza las Mil Millas Argentinas.

Con unos cuantos amigos, entre los que se cuentan Juan Carlos Rossi, el gordo Chuleta, Toto Velazco y Rocamora, fundamos el *Hot Club* de Avellaneda, organización que daría bailes y conciertos de jazz dos veces por mes en el local social del Avellaneda Automóvil Club. La idea es darle una fisonomía distinta a esta entidad, ya que es un club de gente mayor. Mi puesto es el de *disc-jockey*. Elijo para los bailes las orquestas de Louis Amstrong, Bix Badebekert y los Mills Brothers. No sé cómo llega a mis manos *Because of You*, grabado por un desconocido para mí pero que a la postre sería el más grande cantante de todos los tiempos, Tony Bennett (que me perdone Frank Sinatra).

La moda ha cambiado, sobre todo las vestimentas. Se vuelve a usar trajes, pero esta vez derechos, de tres botones; saco muy corto, zapatos de suela de goma, camisas de cuellos muy pequeños y corbatas de colores en las que predominan el azul y el *bordeaux*.

Los que visten así son muy pocos, y un tanto elitistas. Los llaman con desprecio «los petiteros», pues así viste un grupo de muchachos que suelen ir al Petit Café de la calle Santa Fe, en pleno barrio norte. La preferencia de las chicas se divide en dos: las más normales, por los que visten en forma conservadora; y las más progresistas y snobistas por los petiteros.

Hacemos nuestro primer baile un sábado de septiembre. Es primavera. Dos días antes salimos a repartir las invitaciones entre nuestras amistades. A las diez de la noche comienza el evento. Yo, en una cabina improvisada, pongo la música. Desde allí domino todo el panorama donde baila la gente. A las diez y media, el Club está repleto. No estábamos preparados para recibir a tanta gente. Calculamos que asistirían cien y llegan más de doscientas personas.

Hay de todo, como en botica. Por un lado, los petiteros que cada vez visten más exagerados. Miran desafiantes a los demás muchachos. Todo va bien hasta que un muchachón no muy bien entrazado y con aspecto de pocos amigos se va al lugar donde están los petiteros y las petiteras, invitando a bailar a una de las chicas. Ante la negativa de esta, insiste, poniéndose más que pesado. Uno de los petiteros le dice que se vaya, que la chica es su novia. Para qué contar lo que viene después. Piñazos, trompazos, botellazos por la cabeza. Los petiteros andan por el suelo. Las muchachas gritan. Otros salen a defenderlos. Entre insultos y empujones, con la música sonando a todo volumen, se produce un espectáculo de lo más animado.

En la invitación nos habíamos olvidado poner que la Comisión organizadora se reserva el derecho de admisión.

El segundo baile sale mejor. Está más organizado. La gente que no viene con su invitación personal sencillamente no entra. Así, el ambiente es más seleccionado y no tan beligerante como el primero. Al poco tiempo renuncio a mi puesto de *disc-jockey* ya que mi pasión por la música compite con mis ganas de bailar y divertirme.

La música será muy linda, pero las chicas también lo son.

Empiezo a luchar con mi exceso de peso. El último año engordo nueve kilos, llegando a pesar noventa y tres. He comenzado una lucha con la balanza que se prolongará por el resto de mi vida. Mi adicción a los hidratos de carbono marca una notable diferencia con todos mis amigos. Ya todo el mundo me dice «el Gordo». Cuando paso frente a una pizzería o a una fábrica de pastas siento lo mismo que sintió Joe Di Maggio cuando vio a Marilyn Monroe por primera vez. Colón gritó: «¡Tierra!» Yo grito: «¡Pizza!» Si tuviera la mitad del dinero que he dejado en las pizzerías, Donald Trump sería socio mío. Este invento que un ingenioso italiano hizo al combinar una masa al horno con salsa de tomate y mozarella, ajo picado, tomillo, orégano y aceite de oliva merece un monumento, los agradecimientos y el respeto de todos los cultores del triángulo isóscele más sabroso de la tierra.

Las pastas son otra pasión escondida que no puedo ocultar por mucho tiempo. Los *berbichelli al pesto*, los *fetucchini al scarparo*, los *macarroni a la Príncipe de Nápoli*, los *riggatoni a scarparo*, los *linguini* con *fruto di mare* o *a ia marinada, aunque la polenta a la napolitana* están dentro de mis platos preferidos.

Mientras Humphrey Bogart fumando sin parar vive en la Casablanca con la Reina Africana, Rififí sigue robando. Nat King Cole nos cuenta que Adelita se fue con otro, soñando Noche y Día con Cole Porter, despierta los Celos de Frankie Lane, convirtiéndose en la Pesadilla de Artie Shaw y Llora por Johnny Rae.

Como la mayoría de los niños, mis experiencias con el dibujo comienzan cuando aun no tengo seis años. Primero en el hogar y después en la escuela.

Los primeros garabatos, incipiente muestra de arte infantil, los realizo principalmente los días de lluvia y de mucho frío, cuando mi madre no me deja salir a jugar a la calle. Mis primeros dibujos son iguales a los que hacen todos los niños: casitas con chimeneas echando humo, perros que parecen gatos y gatos que parecen perros. Años más tarde, el primer dibujante que me llamaría la atención sería el que ilustraba la crónica policial del diario «Crítica» de don Julio Botana, y que pintaba en los rostros de los personajes de la historieta un dramatismo muy especial. Otro dibujante que me impresionaría por sus coloridos personajes es F. Molina Campos, agudo observador de la vida del gaucho, donde priman las figuras del hombre de la pampa argentina y su caballo con un estilo original que va de lo real a lo grotesco, y que con el tiempo pasaría a ocupar un lugar preferencial en pinacotecas de coleccionistas europeos y americanos.

Poco a poco se va acrecentando mi interés por el dibujo. Del lápiz Faber Nº 2 paso a la plumilla con tinta china, queriendo imitar los detalles y preciosismos de Eduardo Salinas, dibujante argentino que asombraría al mismísimo Walt Disney con su creación del Cisco Kid y su compañero Pancho.

Luego empieza a gustarme el estilo de dibujo de artistas como el genial Ferro, creador de Pura Pinta y El otro yo del Dr. Merengue; el chileno Fantasio; Ramón Columba, Calé, creador de Buenos Aires en camiseta; Oski, Landrú, Fontanarrosa, el talentoso Blotta, y los más recientes como Quino, creador de la internacional Mafalda; los hermanos Basulto, Garaycoechea, y los caricaturistas Ermete Meliante, Seguí, Luis Ordoñez y Yaniro.

Con el tiempo va madurando en mi mente la idea de pasar del dibujo a la pintura. No sé cómo hacerlo, hasta que un día me animo. Voy a una pinturería de arte y compro tres cartones, varios pomos de tempera, dos pinceles, uno fino y otro grueso. Con una vieja silla improviso un caballete, destapo los pomos y me estoy por más de dos horas sin ninguna idea de lo que quiero hacer. Nunca imaginé que lo que yo creía que era tan fácil fuera tan difícil. No tengo ni la idea ni el concepto de lo que quiero hacer. Con un sabor mezcla de resignación y fracaso guardo todo y salgo a la calle.

Tras caminar varias cuadras, con los bolsillos llenos de interrogantes, me acuerdo de la Escuela de Arte de Avellaneda. Me encamino hacia allá. Son las seis de la tarde cuando entro. Me inscribo y a las siete estoy frente a un caballete con una carbonilla en la mano dibujando un florero arriba de una mesa. El profesor se acerca para ver lo que estoy haciendo. Me viene a la mente mi experiencia como baterista y como jugador de ajedrez. El profesor observa atentamente lo que he hecho, me mira, y dice: «¡Muy bien!» Respiro hondo. En mi imaginación veo una tribuna llena de gente que grita:

«¡Dale, Gordo! ¡Dale, Gordo!»

Termina la clase. Llego a mi casa con el dibujo bajo el brazo. Saludo. Desenrollando el papel, digo a mi mamá:

Yo: «¡Mirá! ¿Qué te parece?»

Mamá: «Y eso, ¿qué es?»

Yo: «¿Cómo que qué es? ¡Es un florero!»

Mamá (mirando otra vez el dibujo): «¿Y las flores? ¡Le faltan las flores!»

Gran silbatina en la tribuna.

Mamá: «¡No te enojés, pero le faltan las flores...! ¿No ves que sin las flores parece una botella de leche?»

Papá (bajando el diario): «¿A ver?»

Lo mira con sorna y aire de entendido. Lo sigue mirando. Yo, adivinando su intención, y antes que diga media palabra, guardo el papel.

Aplausos en la tribuna.

Al poco tiempo decido comprar mi primer libro sobre arte pictórico. Me doy cuenta que estoy metido en un baile difícil de bailar. Aunque se tenga cierto talento, el ser autodidacta tiene sus inconvenientes. Uno de ellos es que al no tener contacto con algún profesor que lo guíe a uno, todo cuesta el doble de trabajo. Porque lo que un profesor puede explicar en una clase, el autodidacta tarda meses en descubrir, o no lo descubre nunca. Por lo menos esa fue mi experiencia. ¿Quieren un consejo? ¡Estudien y capacítense para todo lo que quieran emprender!

Estoy en el primer peldaño de una larga escalera.

El primer pintor argentino que me llama atención es quien a la postre sería uno de los embajadores artísticos más reconocidos. Su nombre, Quinquela Martin, en cuyas obras plasma escenas del barrio de La Boca con coloridos y trazos que asombrarían por su inimitable estilo.

Más adelante compro dos libros más. El primero, «Cómo mirar un cuadro» de Córdoba Iturburu; el segundo, «El arte moderno», del inglés Heber Reed, famoso crítico de arte. El primero enseña cómo ver un cuadro, cómo apreciar la composición y la armonía de los colores, escuela y estilo; el segundo, me hace descubrir el mundo fascinante de la pintura impresionista de Cezanne a Miró, pasando por Toulousse-Lautrec, Juan Gris, Picasso, George Braque, Van Gogh, Gauguin, Henry Matisse, Andrés Derain, Roul Tuffy, Monet, Degas. Siento un misterioso desinterés por Vasily Kanidisky pues su estilo me hace recordar el rechazo que siento por la música dodecafónica que en vez de seguir el arte de combinar los sonidos, se transforma en el arte de combinar los ruidos.

Otro pintor que me saca de quicio por su enorme talento, yo diría por su desfachatado talento es Salvador Dalí, que en cada obra parece decir: «¡Miren lo que hago con la pintura; y no se vayan, que hay más!» mezclando lo romántico con lo real y lo absurdo, generando sentimientos difíciles de explicar, porque eso es, precisamente, lo que me asombra de Dalí: lo inexplicable e ilógico que tienen sus obras. Si usted es un vanidoso incorregible o sufre de fanfarronitis aguda, le recomiendo una terapia lejos de todo convencionalismo: Mire un cuadro de Dalí mientras escucha un concierto para piano y orquesta de Bela Bartok. Después de mirar y escuchar a estos dos genios, usted sentirá que no es nada.

Otro de los pintores e ilustradores de estilo preciosista y romántico que me llena los ojos y todos los demás sentidos es el alemán Egon Schiele, amigo de las fiestas y de los disfraces y bromista excepcional. Hace gala de su buen humor, demostrando una personalidad poco común para la época.

Otros que me llegan a impresionar por su talento y maestría son los mexicanos Diego Rivera, David Alfaro Siqueiros y Rufino Tamayo.

Entre los pintores argentinos están el maravilloso maestro del color Raúl Forte. Un día, mientras tomamos café en su estudio, me cuenta entre anécdotas que él mismo no se reconoce como artista, sino como un obrero de la pintura. Términos parecidos usa otro gran amigo mío, el maestro Santiago Cogorno, nacido en Italia y famoso por sus desnudos y su estilo inconfundible.

Empiezo a pintar temas circenses, especialmente *clowns* de principios de siglo. Más tarde intento cambiar de temática sin lograr mi propósito.

Gran tristeza en la tribuna.

Esto de pintar al óleo es más serio de lo que suponía. Hasta que descubro algo salvador: la pintura acrílica. Más fácil de manejar, su textura es más opaca que el óleo pero es de secado más rápido. Pruebo, insisto. Insisto otra vez. Empiezo ‘a regalar mis obras. ¡Pobres mis amigos que tienen que colgar algún cuadro mío en las paredes de sus casas! Algunos, los más valientes, los cuelgan en lugares visibles, como la sala o el comedor, evidenciando a la vez que un verdadero cariño por mí, una ignorancia total por la pintura.

Ha pasado un año. Compro la serie completa de la «Historia del Arte» de Pijoan. Descubro a otros maestros, como Turner, Rembrandt, Goya, Velázquez, Ghiotto. No obstante, necesito saber más. Me voy, entonces, a la Librería Fausto a comprar un segundo libro del crítico Heber Reed. Me atiende el vendedor. Le pido lo que quiero. Se va, y cuando regresa, junto con el libro trae un periódico. Me lo pasa, diciéndome: «¡Lea ahí!» Leo un pequeño titular: «En el día de ayer Heber Reed dejó de existir en Inglaterra». Siento como si hubiera muerto un viejo amigo.

Un día, sin querer, entro en una galería de arte, y descubro que los dueños son los hermanos Serebrisky, dos viejos amigos con los que pasaría muchas horas acompañado por mi apoderado Pepe Parada. Las paredes están llenas de pinturas de artistas, tales como Lacamera, Farina, Marcos Tiglio, Fader, Plank, y del genial dibujante y pintor Carlos Alonso, alumno preferido del maestro Lino Eneas Spilimbergo.

Sigo pintando. La pasión por la pintura se agiganta. Me la paso de exposición en exposición y de galería en galería.

Una tarde entro a una de ellas y le digo al vendedor que quiero ver algo especial. Me invita a pasar a la trastienda. Descorre una cortina y veo la obra que más me haya impactado hasta ese momento. Es un cuadro que mide aproximadamente 3X4 metros. Consiste de un barco anclado en un puerto, del que bajan inmigrantes. El ambiente corresponde a principios de siglo. Permanecemos como quince minutos sin hablar. Cada detalle, cada trazo, cada personaje trasuntan la misteriosa incertidumbre del que llega a una tierra extraña. La obra se titula «Inmigrantes» y su creador es un pintor argentino de nombre Tibon T. Libian. Sin duda, estoy frente a uno de los más grandes de la pintura contemporánea argentina y cuyo nombre figuraría junto a los de Walter de Navacio, Malharro, De Ferrari y del legendario Petorutti.

Hasta ahora el amor no ha golpeado a la puerta de mi corazón. No aparece nadie en especial que me guste. Me pregunto por qué. La respuesta es sencilla. Me gustan todas. Me gusta la mujer delgada, pero poco tiempo después descubro que me gustan las rellenitas; las de pequeña estatura y las altas también. Especialmente las rubias, las pelirrojas y las trigueñas. Las de pelo corto y las de pelo largo. Las tímidas, las extrovertidas, las alegres y las melancólicas. Las románticas y las prácticas. Eso sí, las prefiero pulcras y prolijas, educadas y simpáticas. Si son inteligentes, mejor, pero no tanto. No sé si me entienden. Y otra condición sine qua non: que les gusten los niños y tengan vocación de madres. En síntesis, me gustan todas. ¿Qué raro, no? Actitud propia del latino que se levanta a la mañana y mientras se peina frente al espejo, piensa: «Hoy salgo a la calle y las flecho a todas». Cree que Cupido solo trabaja para él transformándolo en un *latin lover*, irresistible bajo todo punto de vista.

Va caminando por la calle con paso seguro. Sonríe, pensando que todas las mujeres lo miran solamente a él. Sube al autobús que lo llevará al trabajo. Apenas se sienta, repara que en frente de él una muchacha joven y agraciada lo mira de reojo. ¿Qué piensa automáticamente nuestro galán? «¡Otra que cayó en la trampa!». Mientras, le sonríe con el estilo propio de un conquistador, mostrando todos sus dientes.

Entornando los ojos, nuestro héroe se transforma en un bolero de Luis Miguel. Mil cosas pasan por su cabeza. Infla su ego. Empieza a ensayar mentalmente la fórmula para abordarla. «Perdón, ¿no nos conocemos de algún lugar?» No. Esa excusa para iniciar una conversación no sirve. ¿Y si le pregunto la hora? No. Esa es muy tonta. ¿Y si hago como que la confundo con una amiga? No. Esa es muy vieja. El tiempo pasa. Se da cuenta que la muchacha se levanta de su asiento y se encamina hacia donde está él. Él sonríe cada vez más. Ella también. Él se emociona. Ella se acerca y le dice al tipo que está al lado del galán.

Muchacha: «Hola, Julio, ¿no te acordás de mí?»

Julio: «¿Vos sos Marta? ¡No te había reconocido!»

Los dos se sientan juntos y comienzan a charlar. Nuestro galán ya no es tan galán. El ego se le ha desinflado, la sonrisa se le ha apagado. Piensa: «¡Bah! Total, no era tan linda».

De un lugar de Inglaterra sale un conjunto musical con la fuerza de un ciclón, llevándose por delante todo lo que se le pone en el camino; por supuesto, musicalmente hablando. Al poco tiempo ocupan los principales titulares de diarios y revistas en todo el mundo. Sus discos se venden por millones. Llenan de público todos los lugares donde dan sus conciertos. Las jovencitas caen todas bajo una especie de histeria colectiva, gritando y desmayándose, llegando hasta el delirio total. Esta escena se repite una y otra vez en todos los lugares en que aparecen tocando y cantando estos jóvenes. Son los *Beatles*. Son imitados en su manera de vestir con sus trajes apretados, imponiendo esa moda a todo el mundo que los admira. Sus cabelleras son su distintivo más personal, al igual que el estilo de sus canciones. Los ingleses han puesto otra vez en órbita una de sus creaciones. Los americanos lanzan sus productos musicales al mercado, entre los cuales destacan los *Rolling*

Stones, conjunto que también tiene sus adeptos. Mientras que los latinos tienen en Santana a su representante más fiel.

En medio de esta ensalada musical aparece un condimento, fugaz pero condimento al fin. Es el *twist*. Todo el mundo baila el *twist*. Su representante más genuino es Chubi Checker, moreno simpático que poco a poco va encaramándose entre los primeros puestos en la preferencia del público. Y cuando la estrella de Frank Sinatra parece apagarse lentàmente, de nuevo empieza a brillar. De la mano de Nelson Riedle todo el mundo canta «Te llevo bajo mi piel», bajo un cielo todo pintado de azul por el pincel de Doménico Modugno; cielo donde el Gorrión de París, Edith Piaf, ensaya sus últimos vuelos.

Entro a una farmacia a comprar un medicamento. A mis espaldas está parada ella, fría y calculadora, como un verdugo que espera a su víctima, y que sabe que esta no podrá escapar. Es la balanza, mi gran enemiga. Ahí está. Siento su presencia, y su voz metálica que me susurra:

Balanza: «¡No te hagás el tonto, gordito! Vení, subite si sos macho».

Yo hago como que no la oigo. Insiste:

Balanza: «¿Te achicaste, eh gordito? ¡Ja, ja ja!»

Yo la sigo ignorando mientras retiro la medicina. Pago en la caja, doy media vuelta para salir a la calle, y cuando paso frente a ella, siento que me chista:

Balanza: «Adiós, gordito. ¿Adónde vas tan apurado?»

Yo: «A casa de mi abuelita, a llevarle unos pastelitos, ¿por qué?»

Balanza: «¿No querés darte una vueltita por aquí arriba?»

Yo: «Gracias, pero no quisiera molestarla».

Balanza: «Al contrario. Para mí va a ser un placer. Vení, subí».

Subo. Miro para otro lado. Inclinándose, la balanza me dice al oído:

«Gordito... lo siento mucho; no sé cómo decírtelo, pero estás en los cien kilos».

Yo (Bajándome): «¡A cuántos les habrás dicho lo mismo, mentirosa!»

Gracias a la mediación de un amigo, empiezo un nuevo trabajo como empleado de un almacén mayorista. Al otro día llego a la oficina a las ocho de la mañana. Todas sus secciones están en un solo cuerpo; o sea que la mayoría de los empleados trabajan bajo la celosa mirada de los dueños que están sentados en tres escritorios distintos, a corta distancia el uno del otro. Más adelante están los escritorios de los jefes y del gerente general, quedando todos los empleados a merced de sus miradas. Me presentan a mi jefe inmediato. Este me muestra el lugar donde me desempeñaría más tarde como responsable de los libros copiadores de cartas, facturas, notas de débito y crédito; en fin, todo lo que pasa por ahí tengo que copiarlo. Trabajo no difícil, pero fácil tampoco.

A la semana de haber comenzado, ya me he hecho amigo de todos los empleados. Son muy simpáticos y dicharacheros pero trabajan con dedicación y esmero no solamente por las exigencias de los que dirigen la empresa, sino porque esta, aparte de pagar muy bien a sus empleados, a fin de año les da un sueldo extra por puntualidad, conducta y actitud laboral. Premian así a los que rinden plenamente en su trabajo, a la vez que crean dentro de la empresa un clima de sana competencia.

La relación con mis padres ha cambiado totalmente. Me voy a trabajar todos los días a las seis de la mañana. A las seis de la tarde tomo el autobús que me llevará de regreso y que me dejará a las seis y media a dos cuadras del colegio donde estudio, para comenzar las clases a las siete. Estoy haciendo los dos últimos años que me faltan para completar mi secundaria. Todas las noches, de lunes a viernes, salgo del Instituto de Enseñanza a las doce menos cuarto y llego a mi casa a las doce en punto. Voy directamente a la cocina, caliento la comida que me ha dejado preparada mi madre, y ceno mientras repaso con los libros abiertos al lado del plato la lección del día. ¡Cuántas madrugadas! mi madre me encuentra dormido entre platos y libros, cosa que le pasa a la mayoría de mis compañeros, pero las reglas del juego son así y hay que aceptarlas, por lo menos de lunes a viernes. Los sábados son los días de descanso para mí, y es cuando me tomo la revancha por toda la semana. Duermo hasta muy tarde, sacándole a la cama ampollas y callos. Despierto a las siete de la tarde, como algo rápido, me baño, me afeito, me perfumo y me voy al centro de rompedor, como dice el tango Garufa.

Empiezo a querer pertenecer al club de jugadores de «bowling humano». Ustedes se preguntarán en qué consiste este juego. La respuesta es sencilla. En el «bowling humano» el hombre es la esfera pesada y negra y las mujeres son los bolos. Al igual que en el *bowling* convencional, la esfera que más bolos tumba más puntaje obtiene. Empiezo a querer jugar mis primeros *matches,* pero me doy cuenta que me falta experiencia a pesar de mi gran deseo de querer ser un jugador formidable. Mis primeros intentos son un fracaso total. Me falta la pericia que solo da la práctica constante. Otro de mis escollos como jugador es no haberme percatado de la gran cantidad de jugadores esperando turno antes que yo, todos con las mismas pretensiones, las de lograr el máximo puntaje posible. La cantidad de jugadores es cada vez más grande. Los hay de todas clases: los ocasionales, los *amateurs* y los consagrados en noches victoriosas, sin contar a los que dicen jugar mañana, tarde y noche, y que comentarían sus logros y premios a viva voz y con lujo de detalles, convirtiéndose algunos de ellos en actores de grandes hazañas, casi todas producto de su imaginación y fantasía.

La moda ha cambiado de nuevo. La mujer luce cada día más elegante, con vestidos entre los que se encuentran en forma preferente los trajes de colores suaves y de texturas originales, creados por la inimitable Coco Chanel. Pero el dueño y señor de la moda actual tiene nombre y apellido. Es Christian Dior, diseñador respetado y admirado por sus creaciones. Las mujeres, al igual que sus estrellas favoritas, usan productos Max Factor, haciéndolas lucir bellas como las estrellas de cine, hábilmente maquilladas por la reina del *make up* cinematográfico, la señora Wally Westmore, sin olvidar al maquillista de las estrellas argentinas, el gran César de Combi.

A todo esto, ya hace algunos años que ha nacido la televisión en Argentina, que da sus primeros pasos rápidos y seguros. La gente pregunta, ¿Morirá la radio? Los que creen eso están totalmente equivocados. La radio no solo se afirma cada vez más, sino que crece en variedad y calidad. Una de sus estrellas es la reina del arte culinario, doña Petrona C. de Gandulfo, cuyo libro de recetas compite con los de Brillat Savarin y Sinje Igarashi.

Buenos Aires no es solo la capital más europea de América por su construcción edilicia sino por la vestimenta y elegancia de sus hombres. ¿Cuál es el secreto? La perfecta combinación de telas inglesas y nacionales, cortadas por sastres y artesanos argentinos, casi todos ellos de descendencia italiana, herederos de una calidad lograda con paciencia y esmero. La profesión de sastre va quedando de lado en nuestros tiempos por el avance industrializado de la artesanía del vestido. Recuerdo con cariño y admiración los nombres de grandes cortadores como Molusso, Panucho, Módica, Branchini, Riverita, Antonio Amieyro, y mi sastre personal y amigo, el señor Aguilera.

En el guardarropas de todo hombre que se precie de elegante no debe faltar un traje azul marino para la noche, uno gris semi oscuro, uno de gabardina beige, uno Príncipe de Gales, y un bleiser azul con pantalón gris oscuro, todos estos combinados con camisas de color al tono, con corbatas de seda italiana de dibujos no muy llamativos y otras a rayas con colores de regimientos ingleses, llamadas corbatas regimentales. Claro está que la elegancia depende del gusto y del dinero que hace falta para demostrarla. En esta época, los perfumes más famosos son Chanel N° 5 para las mujeres, y Gotas de Oro de Brighton, para los hombres.

Explota otra bomba, cuya aparición dará lugar a los más diversos comentarios, unos a favor y otros en contra; unos, censurándola y otros aclamándola con aprobación. Es su majestad *(toque de trompetas)* la bikini, denominación referida al atolón japonés que lleva su nombre.

Las mujeres jóvenes, de figuras esculturales, la adoptan inmediatamente; en cambio, en las más robustas produce gran desilusión. Las playas del mundo se llenan de bikinis, unas más normales y otras más diminutas. Los hombres no saben adónde mirar, originándose las más grandes broncas entre aquellos que están casados con mujeres más conservadoras. Al pasar de los años, la bikini seguiría cada vez más chica, y la bronca cada vez más grande. A mí, personalmente, ni me fú ni me fá.

La tribuna grita: ¡Mentiroso! ¡Mentiroso!

Pasa una bikini frente a mí. Una señora se me acerca y me dice: «¡Joven, se le está cayendo la baba!» Yo le respondo: «No importa, señora. Tengo más» (Chiste de mi amigo José Luis Gioia).

La balanza no solo me miente, sino que me agrede. Empiezo a hacer dietas mágicas para bajar de peso: la dieta de la luna, la dieta de la banana con leche, la dieta de la naranja, la dieta de la manzana. Termino comiendo tantas bananas que vivo a los saltos y mis amigos me bautizan «Chita».

Sigo haciendo dieta y sigo engordando.

Pero otra bomba que explota con resultados insospechados es la anfetamina, droga que se empieza a dar a los soldados americanos para mantenerlos despiertos, descubriéndose que al mismo tiempo les saca el apetito. La droga milagrosa aparece en los mercados internacionales como la más moderna solución para bajar de peso. Hay de todos colores y formas. En píldoras, en grageas y en pastillas. Todos hablan de sus milagrosos resultados. La gente empieza a bajar de peso, perdiendo kilos rápidamente. Los menos la toleran sin ningún problema, mientras que una inmensa mayoría comienza a sufrir efectos secundarios alarmantes: excitación nerviosa, fácil irritabilidad, pérdida del sueño, desórdenes emocionales, y otros más severos como algunos que se fanatizan tanto por bajar de peso rápidamente que terminan con una mano atrás y otra adelante preguntando por Josefina después de la batalla de Waterloo.

Mi organismo la rechaza totalmente.

Glenn Miller vuelve a resucitar artísticamente, reeditando una vez más sus éxitos de posguerra. Entre sus grandes temas se destaca «Adiós» del reconocido autor Henry Madriguera.

Cinematográficamente hablando, Bela Lugosi, Boris Karloff y Lon Channey no asustan más a nadie, sino todo lo contrario. Su sola aparición provoca risas, tanto que comienzan a tomarse el pelo entre ellos mismos, haciendo divertir a su público con comedias muy graciosas, en las cuales no falta la vieja y ridícula momia. Elia Kazán le imprime un nuevo estilo al cine. El inefable Marlon Brando, actor que se destaca en «Nido de ratas», «Un tranvía llamado deseo» y «Viva Zapata» es el más fiel exponente de esta escuela de actores. Pero a mí me sigue gustando Anthony Quinn mientras pienso qué hubiera sido del actor Enrique Muiño si en lugar de haber nacido en Argentina hubiera nacido en Estados Unidos. Hugo del Carril y Tita Merello se han consagrado para siempre con la película «Las aguas bajan turbias», batiendo récords de público y calidad.

Otro nombre que empieza a ganar elogios nacional e internacionalmente es el del director Leopoldo Torres Nilsson, aclamado por el público y la crítica.

El suspenso tiene un nuevo dueño, Alfred Hitchcock.

Es el 18 de febrero. Las diez y media de la noche. Carnaval. El calor es intenso. Hace mucho que no voy a bailar y esta noche me decido a ir. La pista de baile está llena de gente. Miro para un costado y veo a una rubia bonita y risueña, tostada por el sol. Tiene puesto un vestido azul intenso con flores blancas bordadas en el ruedo y el escote. A su lado hay otra muchacha parecida a ella. Me acerco. La invito a bailar. Ella accede. Bailamos toda la noche. Su simpatía y don de gente me llenan los ojos y el corazón. Intercambiamos números telefónicos con la promesa de llamarnos al día siguiente. Me invade una sensación de felicidad que nunca había experimentado antes. Termina el baile. Me despido de ella con un «hasta mañana». A las cuatro de la madrugada regreso a mi casa. Voy cantando y bailando. Al verme llegar, mi madre, aun despierta me pregunta:

Mi madre: «¿Qué te pasa?»

Yo: «Aunque te parezca mentira, acabo de conocer a la mujer con quien me voy a casar».

Mi madre (sonriendo): «¡Mejor andá a dormir!»

Me voy a la cama pero no logro conciliar el sueño. Recién me duermo con los primeros rayos del sol. Al otro día me despierto recordando cada detalle de la noche anterior. Repaso mentalmente todo lo que habíamos hablado. Sin duda, Cupido me ha hecho un gol de media cancha. La tribuna empieza a gritar:

El Gordo está enamorado/ El Gordo está enamorado/ El Gordo está enamorado/ Mejor, mejor para él.

Han pasado varios meses. Estoy vestido con uniforme de soldado raso. Cumplo con el servicio militar obligatorio en la guarnición de Campo de Mayo, Cuerpo de Ingenieros, Batallón de Agua motorizado. Lo de agua es porque es una unidad técnica encargada de perforar pozos para dotar de agua a los lugares donde no hay.

Por más que explico que no soy ingeniero, no me hacen caso. Me llevan igual. El batallón se compone de unos trescientos soldados, la Sección Mantenimiento y la Plana Mayor. A mí me mandan a esta última. ¿Será por el físico? Reparten los cargos principales entre los soldados que tenemos estudios secundarios. ¿Qué cargo creen que me dan? Nada más ni nada menos que el de encargado del depósito de comestibles. El teniente Mechurán, que es mi jefe, sin darse cuenta me ha convertido en el hombre más importante de la guarnición militar. Me ha entregado las llaves del reino. Dentro de poco tiempo pasaría del anonimato a ser el más popular, el más admirado, amado y consentido de todos los soldados. El que quiere comer, depende de mí. Todos me saludan: «¡Adiós, Jorgito!» «¡Adiós, mi amigo!»

Por las mañanas cuando me levanto, me miro al espejo y pregunto: Yo: «¿Quién es el gordito más lindo y simpático del batallón?» Los demás soldados (a coro): «¡Vos, Jorgito!»

Cada mañana, lo primero que hago es revisar el parte diario de los soldados presentes. Según la cantidad de soldados, varía la cantidad de comida. Esto sucede en el desayuno, almuerzo, merienda y la cena.

Un día, estando en mi oficina, vienen los dos cocineros del Casino de Oficiales a pedirme el arroz para el guiso de esa noche. Uno de ellos:

Cocinero: «¿No te sobraría una latita de duraznos?»

Yo: «Sí. ¿A cambio de qué?»

Cocinero: «De una pechuga de pollo al horno».

Yo: «¿Y si hubiera una segunda lata, el pollo de qué estaría acompañado?»

Cocinero (con una sonrisa de corrupto): «Digamos que de una ensalada de papas con mayonesa».

Yo (con una sonrisa de cómplice): «¡Hecho!»

Total, tenía permiso del teniente Sanguineri, jefe de Intendencia, para hacer lo que yo creyera conveniente. En síntesis: A las tres horas, ante la mirada complaciente de los dos cocineros, me encuentro cenando una tiernísima pechuga de pollo con ensalada de papas con mayonesa. Todo va bien hasta que veo que los cocineros se ponen pálidos, gritando a una: «¡Atención!»

¿Qué ha pasado? Ha hecho su aparición el subjefe del batallón, el capitán Sichetti, que esa noche está a cargo de la jefatura. Yo me quedo petrificado. Siento una mano en el hombro y la voz del capitán:

Capitán: «¡No se moleste, soldado! Siga comiendo».

Yo no me animo a hacerlo.

El capitán se dirige al refrigerador, lo abre, saca una gaseosa, cierra el refrigerador, abre la gaseosa, mira alrededor. Todo esto en medio de un dramático silencio. Se me acerca con el refresco en la mano.

Capitán: «¡Tome, soldado! ¡Sírvase!»

Yo: «¡Gracias capitán, pero estoy tomando agua!»

Capitán (Con gesto de asombro): «¿Agua? ¿Usted bebiendo agua, soldado?»

Yo: «Sí, mi capitán».

Capitán: «Pero cómo va a estar tomando agua comiendo... ¿qué está comiendo, soldado?»

Yo: «Pollo, mi capitán».

Capitán: «¡Ahá! ¡Conque comiendo pollo, eh! ¿Acompañado con qué?»

Yo: «Con ensalada de papas con mayonesa, mi capitán».

Capitán: «Pero mi soldado, ¿cómo va a comer pollo y ensalada de papas con mayonesa bebiendo agua? Tome este refresco, y no se preocupe, que la casa paga».

Yo: «¡Gracias, mi capitán! No se moleste».

Capitán: «Al contrario. ¡Cómo me voy a molestar! Tome, beba».

A todo esto, los dos cocineros siguen pálidos e inmóviles, mirando.

Capitán: «¿Quiere que le ponga un poco de música, soldado? ¿Usted, acostumbra comer con música o sin música?»

Yo: «Sin música, mi capitán».

Gran silencio.

Capitán: «¿Lo tratan bien acá? ¿Se siente cómodo?»

Yo: «Sí, mi capitán. Me siento muy cómodo».

Capitán: «Me alegro, soldado; me alegro».

Gran silencio de nuevo.

Capitán: «¿Le puedo hacer una pregunta íntima, soldado?»

Yo: «Sí, mi capitán».

Capitán: «Yo abracé esta carrera con un amor increíble. Me recibí de ingeniero con las más altas notas. Con todos los honores llegué al grado de capitán tras toda clase de sacrificios. Estoy aquí como subjefe de batallón. Ahora bien, yo me pregunto: ¿Cómo es que yo, que hice toda esta carrera en forma limpia y ascendente como guiso de arroz y usted, que entró hace algunos días, come pollo con ensalada de papas con mayonesa? Por favor, dígame cómo lo hizo».

Yo: «¿Quiere que le diga la verdad, capitán?»

Capitán: «¡Por favor, soldado!»

Yo: «Los cocineros tuvieron la gentileza de prepararme este pollo porque les regalé dos latas de duraznos».

Capitán: «¡Está bien! Ahora, coma tranquilo, y una vez que termine, vaya a la guardia y dígale al sargento que lo anote con dos latas de cinco días de arresto cada una... eso sí, pero con almíbar».

Los primeros días de arresto parecían interminables, pero tenía el consuelo de llevar en mi bolsillo izquierdo, junto al corazón, la foto de Olga, aquella rubia que había conocido en carnavales. La miraba mañana, tarde y noche. Muchas veces la miraba días enteros. Tenía una sonrisa dibujada en su cara angelical y tierna; además, una linda dedicatoria.

A la semana de estar castigado, un soldado que no sabía español llega gritando: «¡Perquero! ¡Perquero!» Es Harakaki, hijo de padres japoneses quienes, al mes de nacido en Argentina, lo llevan a Japón, lugar de donde son oriundos, regresando pocos meses antes de cumplir los veinte años, teniendo por ley que cumplir con el servicio militar.

Lo único que Harakaki sabe decir en español es «Perquero», palabra con la cual se quiere referir al peluquero, personaje siniestro que cada vez que viene al regimiento se ensaña con nuestras cabezas.

Esa tarde, el asesino de las tijeras nos pela a todos. Los castigados estamos perdonados y al día siguiente, como todo el mundo, iremos a nuestras casas para pasar el fin de semana. Yo, feliz, porque podré ver a mi novia.

Al día siguiente me levanto a las seis de la mañana; me baño y me afeito con prolijidad. Después del desayuno viene el sargento Laspiur. Nos hace formar y nos lleva a la sastrería donde nos entregarán los uniformes de gala. Todos a medida... a medida que me lo van tirando me lo voy poniendo. A los que les queda bien de mangas, le queda corto de talle; a los que les queda justo de cintura les queda largo de piernas. Cuando terminamos de vestirnos aparece el teniente Mechurán. Nos mira, se echa a reír, y se va. A las diez de la mañana estamos todos vestidos, formados y listos para salir a la calle. Con los zapatos bien lustrados y el uniforme nuevo tomamos el autobús que nos llevará a la capital. Llego a la casa a la una de la tarde. Mi madre me mira un tanto extrañada. Mi papá me dice: «¿A quién busca, joven?» En verdad, todavía no me he mirado al espejo. En el dormitorio de mis padres hay uno grande. Me miro de frente, de perfil. Estoy hecho una pinturita. Uno de los sastres del cuartel me había arreglado en media hora los pantalones y el largo de manga de la chaqueta.

Esa noche, después de haber ido a ver a mi novia, me encuentro con mis amigos. Vamos a comer a «Al Faro», un restaurante alemán sito en las calles Montes de Oca y Osvaldo Cruz. Cuando terminábamos de cenar hace su entrada en el restaurante un comediante muy famoso por la creación de sus personajes. Su nombre, Juan Carlos Marecco, «Pinocho», de origen uruguayo, nacido en la localidad de Carmelo. Entra con su séquito, entre los que se encuentran sus dos guitarristas, los mellizos Pilepich, quienes además de ser sus colaboradores musicales son los dueños del restaurante.

Cuando Pinocho termina de cenar, mis amigos y yo vamos a pedirle unos autógrafos. Mientras él los firma, uno de mis amigos le pide que haga el favor de escuchar algunas de mis imitaciones, las que habitualmente hago para diversión de ellos. «Pinocho», sin pensarlo mucho, pide a los hermanos Pilepich que traigan sus guitarras. Durante hora y media me acompañan en canciones e imitaciones que yo hago de otros artistas populares ante la complacencia de «Pinocho», su séquito y mis amigos. Cuando son las tres de la mañana, «Pinocho» pide lápiz y papel. Me pregunta cómo me llamo. Yo le contesto: «Jorge Raúl Porcel de Peralta». Piensa unos segundos y luego me dice:

«Ese nombre es muy largo. Desde hoy te vas a llamar Jorge Porcel». Y escribe en el papel: «Yo, Juan Carlos Marecco, digo hoy que Jorge Porcel triunfará». Después de firmarlo, me lo da, diciéndome: «Tome. Dentro de unos cuantos años verá si estaba o no en lo cierto». Guardo el papel, que ahora tiene el carácter de documento, y nos damos un abrazo. Antes de irse, anota mi número telefónico.

Cuando me dirijo de vuelta a casa, abro el papel y lo leo una y otra vez, mientras pienso. ¿Será verdad? ¿No habrá estado exagerando?

El viernes a las seis de la tarde, suena el teléfono. Atiendo yo. Es el secretario del señor Delfor, director del programa humorístico número uno del país. Me llama para decirme que debo acudir a una prueba el sábado a la una de la tarde. El señor Marecco me ha recomendado. No lo puedo creer. Al otro día, sin decir nada a mis padres, me voy a Radio Belgrano acompañado por dos de mis amigos. Me hago anunciar. A los diez minutos me hacen pasar al estudio donde me está esperando el señor Delfor. Luego de saludarlo miro a mi alrededor y veo que todo el elenco del programa está sentado, mirándome atentamente. Me tiemblan las piernas. Al piano está sentado José Finckel, pianista del conjunto que dirige Santos Lipesker que acompaña a los cantantes e imitadores. A su lado está otro gran músico, el guitarrista Horacio Malviccino. Tras unos segundos de silencio, don Delfor me dice: «Empiece no más». Yo me digo: «¿Tengo algo que perder? ¡Nada! ¡Absolutamente nada!» Así es que empiezo a hacer imitaciones, una tras otra. Si no me paran, sigo hasta las seis de la tarde. Delfor me lleva aparte y me dice: «¡Muy bien, pibe!

¿Te animás a empezar mañana?» Le digo un sí tan grande que se escucha en Guatemala.

Mientras me dirijo a casa, pienso cómo lo voy a hacer si nunca he dicho ni siquiera un verso en la escuela. Me hago la misma pregunta, «¿Tengo algo que perder? ¡Nada! ¡Absolutamente nada!» Llego a mi casa y no le cuento a nadie lo que me ha sucedido. A la noche voy al Club con una sonrisa de oreja a oreja. Pienso, «¡Si mis amigos supieran que mañana debuto en la "Revista dislocada", audición número uno del país!» Pero no les digo nada. Esa noche casi no puedo dormir. Mil cosas pasan por mi cabeza. Al otro día me levanto a las nueve de la mañana. Me pongo mi mejor traje (el único que tengo), camisa y corbata. Antes de salir, mi padre me pregunta adónde voy tan elegante. Yo le digo: «A Radio Belgrano. Voy a debutar en la "Revista dislocada"». Mis padres no me creen. Les digo: «Escuchen la radio y verán».

Cuando salgo a la calle, mis amigos me están esperando en la puerta de mi casa. Me dicen: «¡Así es que debutás en la radio!» Les pregunto cómo se han enterado. Los dos amigos que me acompañaron a la prueba habían roto el silencio, contándole a todo el mundo. ¡Dios mío! ¡Qué responsabilidad! ¡Todo el barrio va a estar escuchando!

Llego a la emisora, y el director me dice que tengo que hacer la imitación de Pucanel, relator de boxeo, americano, que transmite las peleas de boxeo en español directamente de Estados Unidos en la «Cabalgata Deportiva Gillette». La imitación consiste en relatar la pelea entre Archie Moore y Joe Louis, «el bombardero de Detroit» que se ha realizado la noche anterior.

La experiencia resulta todo un éxito. Al final de la audición, Delfor me comunica que quedo contratado. Sin darme cuenta he empezado a caminar por un camino largo, lleno de aplausos, risas, y lágrimas.

Pasan unos meses. Estoy de visita en casa de mis amigos Tito y Pocho Meaños, hijos del famoso autor de radio y teatro Manuel A. Meaños, creador de «el Ñato Desiderio», personaje que interpretara uno de los actores más grandes que diera la escena nacional, don Mario Fortuna. Cuando está terminando la visita, le cuento a don Manuel mi experiencia en radio. Me dice que Juan Carlos Marecco, «Pinocho», mi padrino artístico, está por comenzar una nueva comedia del autor Germán Ziclis titulada «Canallita pero simpático», rodeado de un elenco excepcional. Don Meaños me pide que lo acompañe al teatro porque a lo mejor queda algún papel vacante para mí. A las seis de la tarde, estamos ahí. Apenas me presenta al autor Germán Ziclis, este me mïra y le dice a Meaños: «¡Ché Manolo. Este gordito tiene una cara de cómico bárbaro!» Meaños le pregunta si tiene algún papel vacante para mí. En ese momento viene a nuestro encuentro Juan Carlos Marecco, «Pinocho». Advierte mi presencia. Me saluda muy efusivamente. Yo le agradezco que gracias al gesto que tuvo para conmigo estoy trabajando en radio. Ahí no más él también le pregunta si queda algún papel para mí. Ziclis le dice que no, pero tras pensar unos segundos, me mira y me dice: «Ya sé. Vas a hacer el papel de locutor de televisión presentando a Pinocho en su programa musical».

Otra vez la generosidad y grandeza de estos tres amigos que nunca olvidaré se ha manifestado, puesto que el papel que desempeñaría en esta comedia, Ziclis lo ha hecho aparecer de la nada, como cuando un prestidigitador saca un conejo de una galera.

¡Qué generoso es Dios conmigo! De la noche a la mañana ya soy un actor profesional. Incipiente, pero actor al fin.

Se produce mi debut en el teatro. Todos mis compañeros llegan a mi camerino a desearme suerte. El traspunte Pepito Jiménez ya ha dado el segundo aviso de comienzo del espectáculo. Todo pasa como en un sueño. De pronto me veo frente al público que me aplaude. ¡Gracias, Dios mío!

Termina la comedia. Los camerinos están llenos de flores. Voy al de Marecco, «Pinocho». Le doy un abrazo. Y otro, por ese gesto desinteresado que por segunda vez ha tenido para conmigo. ¡Gracias, uruguayo!

En el fútbol se destaca el nombre de Alfredo D'Stefano en el Real Madrid. Cómo olvidar la delantera de Racing que nos diera los campeonatos de los años 49, 50 y 51: Salvini, Méndez, Bravo, Simes y Sued. Los hinchas de River no pueden olvidar la máquina de hacer goles de Muñoz, Moreno, Pedernera, Labruna y Lousteau. Los hinchas de San Lorenzo aclaman en 1946 a Imbeloni, Farro, Pontoni, Martino y Silva. Y yendo un poco más atrás, en el 44, los hinchas de Boca disfrutan con Boyé, Corcuera, Sarlanga, Varela y Sánchez. Y los hinchas de Independiente con Misselli, Ceconato, Lacasia, Grillo y Cruz. ¡Mama mía! ¡Qué jugadores!

Los domingos son todos días de fiesta, especialmente para los que ganan.

En 1958 se celebra el Campeonato Mundial en Suecia. El equipo argentino vuelve derrotado y avergonzado. Al bajar del avión, los jugadores son recibidos con silbidos y monedas. El héroe de ese campeonato es un muchachito moreno, de diecisiete años, llamado Edson Arantes Dos Nascimento, a quien el mundo conocería por Pelé. Pelé, al lado de otros grandes como Zito, Coutinho y Garrincha haría maravillas en el verde césped.

En el estadio de River juega el Santos de Pelé contra el Peñarol de Joya y Spencer. Gana el Santos 5X4. Me encuentro con Juvenal y me dice: «A este equipo no se le puede ganar, porque si le hacen cinco goles, ellos contestan con seis; y si les hacen once, ellos hacen doce».

Argentina gana el Sudamericano de Fútbol de Guayaquil. La delantera formada por Corbatta, Maschio, Angelillo, Sívori y Cruz se revela como un grupo de cinco magos del balompié que con sus jugadas y habilidad hacen aplaudir hasta el delirio al público sudamericano. Un nuevo fútbol ha nacido en Argentina.

Europa exporta nuevas técnicas que los equipos sudamericanos adoptan. El 4-2-4, el 4-4-2, el 4-3-3, el cerrojo, la ley del *off-side*, el anticipo y el *pressing*, el *stopper* y el líbero hacen que el espectador de fútbol tenga que hacer un curso para poder entender esas técnicas.

Todas las noches, al salir del teatro, voy a comer con mis compañeros a «La Tablita», a «Bachín» o a «Pipo», lugares siempre repletos de gente bullanguera que después de los teatros, cines y cabarets ocupan sus mesas hasta las seis o siete de la mañana del otro día.

Ahí se dan cita clientes de todo tipo, pues son lugares donde se come bien y barato. Las especialidades son carne a la parrilla, o *bermicelli al tuco y pesto*, todo rociado con vino tinto. En sus mesas se encuentran actores como Dringue, Tato Bores, Verdaguer y los locutores estrella Cacho Fontana, el Negro Brizuela Méndez y Antonio Carrizo casi siempre acompañados por Juan D'Arienzo o por Mariano Mores, el genial creador de tangos como «Uno», «Cuartito azul» y «Adiós, pampa mía».

A una cuadra, en el bar «Las comedias» está Aníbal Troilo tomando el último whisky de la noche acompañado por Zita, su mujer; su representante, «El pájaro loco» y su amigo del alma, el gracioso Paquito.

El que quiere escuchar buena música tiene que ir, indefectiblemente al *night club* Jamaica, donde tocan el genial Astor Piazzola, el dúo Salgán De Lío, y el trío de Sergio Mihanovich con mis amigos López Ruiz en el contrabajo y el genial Pichi Mazzey en la batería.

Una noche gloriosa está tocando el piano mi amigo, mi

hermano, el gran pianista de jazz Jorge Navarro, alias «Pamperito». Terminaba el tema «No habrá nadie como tú» que yo le había solicitado cuando hace su entrada al Club nada más y nada menos que la cantante de jazz Ella Fitzgerald. No lo podemos creer. Viene acompañada por miembros de la embajada estadounidense. Se sienta a una mesa con sus amigos. Al rato, alguien le pide que cante. Ante el aplauso de la gente, ella se levanta, se para al lado mío que estoy junto al piano, me saluda y tomándome del brazo, canta por más de una hora, apoyándose en mí. Esa noche, ella canta como una diosa, acompañada por Jorge Navarro, quien toca como nunca.

España nos manda a La Chunga, bailaora gitana, al eximio guitarrista Narciso Yepes y a Pablo Casals quien se muda a Puerto Rico, a una casa que da a un patio que linda con una calle del viejo San Juan. El Cordobés y Dominguín van dejando poco a poco de torear, privando a los miura de hacerlos terminar como Manolete. El nombre de Lola Flores, «la Farona» crece día a día, en tanto que Gila hace las delicias del público con sus monólogos por teléfono, popularizando su famoso, «¡Que se ponga!»

Buby LaVechia toca todas las noches en un restaurante llamado «Grill Amerio». Con Pichi Mazzey, Tito Bixio y López Ruiz forman el conjunto «Los cuatro del Sur». Yo voy casi todas las noches a escucharlos. En una ocasión, faltando quince minutos para terminar, me subo al palco y canto dos o tres temas, ante la mirada del desconfiado don Amerio, dueño del restaurante. Hasta que una noche, viendo que de nuevo estoy cantando, llama a Buby y le dice:

Don Amerio: «Ma, yo digo una cosa, ¿cuántos son los cuatro del sur?»

Buby: «Si se llama "Los cuatro del sur" es porque somos cuatro, don Amerio».

Don Amerio: «¿Ah, sí? ¡No me diga! ¿Y cómo yo, todas las noches cuento cinco?»

Buby: «¡Quédese tranquilo, don Amerio! Si yo le digo que somos cuatro, es porque somos cuatro».

Don Amerio: «Está bien. Sean los que sean, *io* pago cuatro y nada más».

Horacio Salgán, autor de «Grillito», «La llamo silbando» y «A fuego lento», es para mí el mejor pianista que ha dado el tango. Hombre sencillo, gracioso y con un gran sentido del humor. Tiene tres grandes pasiones: la música, las mujeres y la comida, trilogía en la que, en ese tiempo, coincidíamos plenamente. Músico excepcional, dueño de una técnica envidiable, toca el piano como nadie. Nos hacemos amigos rápidamente. Muchas veces, cuando termina de tocar en el *night club* Jamaica nos vamos a comer juntos. Él es famoso por su apetito y yo no le voy en zaga. Una noche vamos a comer a un restaurante que queda en la calle Maipú y Corrientes, llamado «El bandoneón». Llueve intensamente. Mientras él se sienta a la mesa, yo voy a guardar nuestros pilotos[1] debajo del mostrador, cuando veo con asombro que abajo de la caja registradora hay cuatro revólveres y dos pistolas. Pregunto al dueño:

Yo: «¿Y eso?»

Dueño: «Son de los muchachos».

Yo: «¿Qué muchachos?»

Dueño: «Los muchachos que vienen acá a comer todas las noches».

Horacio Salgán me grita desde la mesa:

Salgán: «Porcel, ¿qué le pido?»

---

1. Piloto: Nombre que se daba a cierto tipo de impermeables y que por aquel tiempo pusieron de moda los pilotos de aviones. Eran por lo general de color beige, amplios, con cinturón y grandes solapas. En la espalda tenían una sobretela para dar protección extra.

Yo: «Un taxi. ¡Rajemos de acá!»

Le explico qué ha pasado, y él me dice:

Salgán: «Está bien, vámonos, pero antes comamos algo, ¿o a qué vinimos acá?»

Cada vez que vamos a comer me hago un festín escuchándolo hablar de música.

Salgán es un imán de plomo.[2]

El plomo casi siempre es autodidacta. Nace plomo, vive plomo y muere plomo. El plomo no se da cuenta que es plomo. Tiene una falta total del sentido de la oportunidad, de la ubicación y del tiempo. Se divide en tres categorías: el plomito, el plomo y el plomazo. Aparece en los lugares más insospechados. Especialmente cuando uno está charlando en la intimidad aparece diciendo, con su sonrisa plomífera, «¡Hola! ¿Qué tal?» Por unos minutos se queda en silencio, sonriendo. Por más que uno haga alusión a que está hablando algo íntimo y privado, el plomo no se da por aludido; no se entrega fácilmente. Y sigue sonriendo, hasta transformarse de plomo en mercurio.

Mientras comemos, es matemático: siempre aparecerán dos o tres plomos por noche, de diferentes categorías. Está el plomo verborrágico, que habla sin parar cosas que a uno no le importan ni le interesan; y está el plomo silencioso, que es el peor de todos. Quiero terminar con esto de los plomos, pues no quiero transformarme en uno de ellos. Así es que les voy a contar una anécdota.

En frente del *night club* Jamaica hay un lugar que a pesar que los dueños son gallegos, se llama «Gordon's Bar». Ahí paran en las horas de descanso todos los músicos y cantantes

---

2. Plomo: Palabra con que la jerga nochera denomina a la persona pesada que sonriendo se acerca sin que se la invite y se mete en la conversación para opinar y contar cosas que nadie le ha preguntado. Estos personajes abundan en la noche bohemia de Buenos Aires.

que trabajan en los *night club* de la zona. Todas las noches, después de la primera vuelta de actuación, nos encontramos con Horacio Salgán en el Bar Gordon. Y todas las noches, a la misma hora, está parado en el mostrador un japonés tomando coñac que trabaja en el Mercado Central de Flores. Apenas nos ve llegar, le dice al *barman:*

Japonés: «*Barman*, sírvale algo de beber a los muchachos».

Salgán: «Muchas gracias, pero no bebemos».

Pasan unos minutos.

Japonés: «*Barman*, sírvales, por favor».

Nosotros: «No, muchas gracias».

Pasan otros segundos antes que este hijo del Sol Naciente nos pregunte:

Japonés: «¿Qué quieren tomar los muchachos?»

Salgán: «Gracias, pero no bebemos alcohol».

Japonés: «Ah, no sabía, perdonen».

Gran silencio.

Japonés (de nuevo, dirigiéndose al *barman*): «Sírvales algo».

Nosotros: «Le agradecemos la invitación, pero no vamos a beber nada».

Japonés: «Está bien... pero ¿por qué no toman algo?»

Salgán (fastidiado): «¿Sabe lo que pasa? Los dos estamos operados del hígado y el médico nos tiene prohibido tomar».

Japonés (disculpándose): «¿Ah, sí? ¡No sabía nada! ¿Cuándo los operaron?»

Yo: «Esta mañana».

Japonés: «¡Perdónenme!»

Gran silencio.

Japonés (de nuevo): «Entonces, ¿qué se van a servir, muchachos?»

Esa noche nos damos cuenta que estamos ante el rey de los

plomos.

El apetito de Salgán es famoso, tanto que le dicen el «diente eléctrico». Así, todas las noches, esquivando plomos, nos vamos a comer ya muy de madrugada para hablar de nuestra pasión, la música. Le pregunto:

Yo: «¿Tiene hambre?»

Salgán: «¡Yo siempre tengo hambre!»

Yo (incitándolo): «¡Acá a la vuelta hacen unas milanesas!»

Salgán (abriendo los ojos): «¿Y qué estamos esperando?»

Una noche está con nosotros el músico López Ruiz. Los tres nos vamos a comer. Ante la mirada azorada del dueño del restaurante, Salgán y yo nos comemos, entre los dos, catorce milanesas con catorce huevos fritos. López Ruiz no lo puede creer. Durante una semana le cuenta a todo el mundo de lo que ha sido testigo. ¡Siete milanesas cada uno! Salgán y yo tenemos un hígado a prueba de balas.

Mientras un chico llamado Ernesto Sábato juega al balero sobre héroes y tumbas, en un parque el niño Alfred Nobel corre, perseguido por el travieso Jorge Luis Borges que le grita: «¡A que no me alcanzás! ¡A que no me alcanzás!»

Yo ya tengo dos trajes. Un día, no aguanto más. Entro a la farmacia. Me enfrento a la balanza. A unos diez metros uno frente a la otra. Nos miramos sin pestañear. Los parroquianos abandonan la farmacia a toda prisa. El farmacéutico me pide de rodillas: «¡Por favor, aquí no!» Pero yo ya estoy decidido. El pianista deja de tocar. Los que quedan en el Saloon contienen la respiración. Nuestra suerte está echada. Doy unos pasos. Ella me mira desafiante. Me acerco, y cuando me voy a subir, veo que entre sus ojos tiene un cartelito que dice: «No funciona». Esta vez he triunfado yo. Me acerco al mostrador, pido una sal de frutas, pago y me voy a todo galope.

Amarro el caballo, y mientras voy caminando por el barrio, de todas las casas se escucha una voz tierna y dulce de mujer que dice: «¡Piluso... la leche!»

En América Latina la gente pobre es cada vez más pobre. Ya no vive solamente en casas de inquilinato viejas y descoloridas; ahora vive hacinada en casas de chapa y cartón, a merced de las inclemencias del tiempo. Hombres y mujeres, con sus niños sucios y descalzos. Esta bomba que explota en toda Latinoamérica se la bautizaría en Argentina con nombres como Villas Miseria, Villas Cartón, Villas Tachito, Villas de Emergencia; en Chile, Callampas; en Brasil, Favelas; en Venezuela, Los Morros; en Costa Rica y Colombia, Tugurios; en Puerto Rico, Caseríos; en México, Jacales; en Cuba, Llegaipón. A todos los une lo mismo: la desesperanza, la falta de trabajo, el frío, el calor, el hambre, las enfermedades. Todos tienen el mismo aspecto: delgados, indefensos, con la mirada triste del infortunio. ¿De qué se alimenta esta gente? Sus cacerolas están llenas de promesas y mentiras. Mirados con lástima por unos y con desprecio por otros. En todo el mundo se levantan voces de protesta. Organizaciones de todo tipo agitan sus banderas y pancartas. Poetas y juglares llenan su poesía y sus canciones reclamando justicia. Algunas veces sus pedidos son oídos; pero los que más pueden no escuchan, creando reacciones en los pueblos que luego habrá que lamentar.

Ayer me hicieron el primer reportaje de mi vida. Uno de los grandes periodistas que dio mi país, Rodolfo R. Avilés, autor de «Los ojazos de mi negra» canción que hiciera famosa Carlos Gardel, tendría la gentileza de ceder sus micrófonos en Radio El Mundo durante media hora a un novato como yo.

La televisión ya camina sola. Don Jaime Yankelevich, su impulsor, impone energía a esa compleja maquinaria del espectáculo, transformándola en el entretenimiento preferido de los argentinos. La televisión satisface los apetitos culturales, deportivos, artísticos y lo que sería con el tiempo, su majestad la noticia. Sin embargo, la radio no se acobarda. Las radionovelas tienen nombre y apellido. El binomio Nené-Cascallar y Oscar Casco se adueñan de parte de las tardes argentinas. Chas de Cruz, Di Núbila y Paloma Efron (nuestra querida Blackie) asientan sus reales con calidad y prestigio, mientras que Angel Vargas, Florial Ruiz, Alberto Marino, Fiorentino, Aldo Calderón, Edmundo Rivero, Alberto Podestá, Jorge Casals, Raúl Berón, Carlos Dante, Julio Martén, Alberto Morán, Roberto Chanel, Horacio Deval, Alberto Echagüe, Roberto Rufino, Jorge Durán, Aldo Campoamor, Alberto Arenas, Alberto Castillo, Roberto Arrieta inundan de tangos los rincones de América, especialmente en Colombia, donde Carlos Gardel plegara sus alas, transformándose en el bronce que sonríe, denominado así por su admirador número uno, Julio Jorge Nelson, a quien sus amigos llaman «La viuda de Carlos Gardel».

Ya tengo dos trajes y un smoking. Sigo engordando. Entro a la farmacia y la balanza, al verme, sale corriendo.

Continúo trabajando en la «Revista Dislocada». En casi todos los programas tengo a mi cargo el cierre haciendo personajes reales e imaginarios, reporteados por su creador, Delfor. La gente disfruta con mi trabajo. Tengo la suerte de estar rodeado de excelentes comediantes, como Nelly Beltrán, Raúl Rossi, Chela Ruiz, Anita Almada, Héctor Ferreira, Pascuali y Almirón, Calígula, Arnaldo La Rosa, Mario Sánchez y Beto Cabrera.

Después de los ensayos, que terminan a las cinco de la tarde, regreso a mi hogar. Al pasar frente a las puertas de las casas del barrio se escucha una voz de mujer tierna y dulce que dice: «¡Pituso... la leche!»

Hago mi primer programa de televisión en el viejo Canal 7 de Buenos Aires. Llego dos horas antes. En la puerta hay un grupo de personas que al verme llegar me piden un autógrafo. Yo los firmo, orgulloso. Son mis primeros autógrafos. Al despedirse, lo hacen, diciéndome: «¡Adiós, Tato!» ¡Qué desilusión! Me han confundido con Tato Bores. El portero del canal, al ver lo sucedido, se ríe y me dice: «Quedate tranquilo, pibe. Eso quiere decir que a Tato Bores tampoco lo conocen». El portero tiene razón, pero eso no me consuela. Llego a la sala de maquillaje. Su jefe, el señor Pisani, ha terminado de maquillar a Pinky y a Cacho Fontana, los dos conductores del programa. Ella, locutora, bellísima mujer, alta, elegante, dueña de una personalidad encantadora y de una voz cautivante, es una de esas mujeres que en cualquier parte del mundo entran en un restaurante y todos paran de hablar y de comer para admirarla. En cuanto a Cacho, haría de la locución un arte y una industria al mismo tiempo. Hombre elegante, dueño de una simpatía y una risa contagiosa se transformaría poco a poco en el número uno, trasuntando por años profesionalismo y calidad.

Son las siete de la tarde. Llego a la sala de ensayos. Delfor, autor y director del programa me lleva aparte y me dice:

Delfor: «Cambié todo lo tuyo. Vas a hacer la imitación de Tato Bores».

Gran silencio.

Delfor: «¿Qué pasa? ¿No te gusta la idea? ¡Si vos sos igual a Tato Bores! Tomá, ponéte esta peluca y estos anteojos». Luego, preguntando a los demás: «Muchachos, ¿a quién se parece?»

Todos: «¡A Tato Bores!»

Delfor: «Andá. Ponéte el frac y vení».

Esa noche no solo imito a Tato Bores sino que como con Tato Bores, duermo con Tato Bores y sueño con Tato Bores.

Ese año es un año clave para mí. Trabajo en radio, televisión y hacemos algunas presentaciones personales. La gente me va reconociendo poco a poco por la calle. Mi novia me ve de a ratos, pero yo estoy feliz. Eso de hacer reír a la gente, aparte de gustarme, me hace muy bien. Para rematarla, ese año el Racing Club de mis amores sale campeón argentino después de una campaña inolvidable.

En el Norte y en el Sur
En el Este y el Oeste
Brilla la blanca y celeste
Academia Racing Club.
¡Academia! ¡Academia! ¡Academia!

Agustín Cuzani está de luto. «El centro forward murió al amanecer». En televisión, Jean Cartier presenta todas las semanas su programa, «El arte de la elegancia», colaborando con él su mujer, la bella modelo María Fernanda. En radio, hace su aparición un nuevo estilo de novela. Juan Carlos Chiappe crea un estilo que pasa de lo real a lo estridente. Con historias simples pero llenas de vigor interpretativo, su elenco se luce, especialmente los villanos y traidores. A tal punto de realidad llega la interpretación que cuando aparecen en escena en sus presentaciones personales, el público no solo les grita y les lanza todo lo que tiene a la mano sino que algunos los esperan en la calle a la salida del teatro para pegarles. Más de una vez, estos odiados personajes tienen que salir corriendo por los fondos y los techos de las fincas vecinas.

El gran comediante argentino Osvaldo Miranda se luce ampliamente pues todo lo que hace lo hace bien. Canta, baila y actúa como nadie. Las mellizas Le Grand hace tiempo que se han separado. Sylvia abraza la carrera de esposa y madre, mientras que Mirta se afirma cada vez más en su carrera de éxitos. Logra aplausos y triunfos no solo en Argentina sino también en toda América Latina. Inicia su carrera de triunfos con la película, «Los martes, orquídeas» con el gran actor Juan Carlos Thorry, quien pone en cada una de sus actuaciones su sello particular, al igual que el característico y singular personaje de Buenos Aires, el actor Enrique Serrano.

Los maestros Francini y Pontier sirven de trampolín a la fama a la nueva voz del tango, Julio Sosa, nacido en Uruguay, en la localidad de Las Piedras. Logra un éxito tan grande que en poco tiempo pasa del anonimato a la popularidad. Y en la orquesta del maestro Horacio Salgán canta el Paya Díaz, y un cantor con una personalidad y una calidad interpretativa que superaría los límites de lo normal. Es el polaco Goyeneche quien, durante muchos años de éxito tras éxito llenaría todos los lugares donde actúa. Fanático del Club Atlético Platense desde muy joven empieza a trabajar de chofer de colectivo, sin imaginar que con el tiempo su nombre quedaría grabado en letras de oro en el libro del tango.

Suena el teléfono. Atiendo yo. Se escucha una voz que me dice:

Voz: «¿Con el señor Porcel, por favor?»

Yo: «Con él habla».

Voz: «Lo estamos llamando del Instituto de Mercados y Tendencias. Querríamos saber qué programa de televisión está viendo en estos momentos».

Yo: «Con mucho gusto, señorita. Estoy viendo a Pepe Biondi».

Voz: «Muchas gracias, señor».

El mundo cambia paulatinámente, en especial el ser humano, sin darse cuenta que él también ha cambiado. La lucha por conseguir una mejor posición socioeconómica hace que este, en su loca carrera por subir un peldaño más cada día se transforme en esclavo de una nueva palabra: status. Esta actitud, aparentemente normal, de querer progresar más y más hace que el ser humano se transforme en un autómata, manejado y controlado por otros que están debidamente entrenados para favorecer la causa del consumismo sin darse cuenta que de la sana competencia se ha pasado a la acción peligrosamente enfermiza de ver al competidor como un enemigo al que hay que destruir.

En televisión, este fenómeno tiene nombre y apellido. Se llama *rating*. El *rating* es el nuevo dios de la televisión. Aparece como salvador de unos y verdugo de otros. El que tiene alto *rating*; es decir, el que tiene más audiencia, sonríe por su buen resultado, pero por una semana nada más, ya que el capricho del dios *rating* transforma en poco tiempo al triunfador talentoso y capaz en un simple idiota llevándolo del goce al miedo, de la felicidad al terror. Pero hete aquí que a la semana siguiente, el dios *rating* lo favorece con sus números nuevamente pasando esta vez, en menos de ocho días, de idiota a genio.

El genio sigue subiendo, y en dos semanas lo llaman a la Presidencia del Canal, lo invitan a almorzar al restaurante más caro en compañía del gerente comercial, del director artístico y de otros subalternos que sonríen festejando cada ocurrencia del triunfador. Por ejemplo, cuando golpea tímidamente a la puerta de la oficina del presidente y escucha la palabra ¡adelante!, abre la puerta con sigilo y saluda, «buenas tardes».

El presidente del Canal y todos los ejecutivos a coro: «¡Bravo, bravo, qué gracioso, dijo buenas tardes, ja, ja, ja! Siempre con ese sentido del humor, mi querido Fulanez. ¡Siéntese aquí, en mi lugar!»

Fulanez: «No, gracias. Aquí está bien».

El presidente del Canal: «De ninguna manera, ¡usted se sienta aquí!... Dígame, Fulanez, ¿cómo están su esposa y sus hijos?»

Fulanez: «Perdone, señor, pero yo soy soltero».

Todos: «Ja, ja, ja, ¡qué gracioso! Este Fulanez, siempre el mismo».

Ese día, después de almorzar con champaña, coñac y cigarros de la casa Partagás o Romeo y Julieta, brindan por el éxito de Fulanez una, y otra, y otra vez. Fulanez tiene un pedalín que ni se puede tener en pie. El presidente lo lleva en su propio automóvil hasta su casa.

Al llegar a la oficina, el presidente del Canal recibe la terrible noticia de que los números del dios *rating* se los habían dado equivocados y que Fulanez, en vez de subir, bajó.

El presidente aprieta el botón del intercomunicador y da la orden:

Presidente: «¡Echen a Fulanez por inservible!»

El director artístico toma esta determinación, se la comunica a Fulanez por intermedio de un telegrama colacionado en calidad de urgente. A todo esto, Fulanez está festejando el logro con toda la familia. Le entregan el telegrama, lo lee y cae fulminado con un infarto al miocardio. En una ambulancia lo llevan al hospital más próximo. Lo ingresan a la Unidad Cuidados Intensivo. La noticia corre como reguero de pólvora, al tiempo que el presidente dice, «qué mala suerte tiene este muchacho Fulanez».

Recibe un fax de Europa, en el que le dicen que el Canal se ha hecho acreedor al Mono de Oro, que es el premio más alto que otorgan los periodistas y críticos, gracias a la actuación de Fulanez en su participación representando a dicho Canal.

Presidente (gritando): «¡Los voy a echar a todos! ¿Quién fue el imbécil que dio la orden de echar a Fulanez?»

Todos: «¡Usted, señor!»

Presidente: «¡Rápido. Hagan un nuevo contrato y vamos al hospital. ¡Hay que salvar a Fulanez! ¡Ese muchacho es un genio!»

Ya pertenezco al ambiente artístico. Soy actor. Como todo principiante, empiezo en el noviciado con altibajos. He descubierto una manera nueva de vivir. Me acuesto tarde, por lo tanto, me levanto tarde. La bohemia tiene para mí un atractivo muy especial, sobre todo la noche. ¡Qué linda es la noche de Buenos Aires! Es atractiva e interesante como una joven viuda llena de misterios que está esperando que un Gengis Kan la conquiste, susurrándole al oído falsas promesas de amor, y haciéndola depositaria de las más encendidas pasiones. Y yo me pregunto: «¿Qué estoy esperando?» Como el Cid Campeador subo a mi caballo y emnpiezo a cabalgar la noche porteña. El pobre caballo, de Babieca se transforma en Rocinante. Ya no me aguanta como antes. Una madrugada, antes que aparezca el sol, y mientras tomamos unos cafés con mi noble equino, este me dice:

Caballo: «Perdone, jefe, ¿le puedo hacer una pregunta íntima?»

Yo: «¡Cómo no! Pregunta no más, con confianza».

Caballo (vacilante): «Jefe, ¿cuánto pesa usted?»

De pronto siento que la sangre golpea mi cabeza. La indignación desplaza mis sentimientos más nobles, dando paso a la ira y a los deseos de venganza, hasta ahora algo desconocido en mí. Corro como Tyrone Power en la película «El Zorro», doy un salto y caigo sobre mi caballo, sintiendo el crac-crac de sus huesitos. Como Peter Lorre sonrío con el placer que solamente da la revancha.

Yo: «¿Qué preguntabas, querido?»

Caballo (con un hilillo de voz): «¡Nada, jefe!»

Esa noche no puedo dormir. Sueño con balanzas, con dietas, con píldoras mágicas para rebajar de peso. Al otro día voy a la farmacia y aprovechando que está distraída, me subo a la balanza. La aguja baja de golpe. Se escucha un ¡ay! Yo, sin atreverme a mirar las tres cifras, salgo a paso apurado mientras el farmacéutico grita: «¡Allá va! ¡Allá va! ¡Agárrenlo! ¡Asesino! ¡Asesino!»

La noche está llena de tentaciones. Cabarets, *night clubs*, discotecas y otros lugares non santos repletos de mujeres, alcohol, tabaco y otras menudencias, donde se corren hasta la madrugada grandes premios. Yo, como piloto inexperto y ávido de nuevas sensaciones, me anoto en todas las carreras. En las primeras competiciones encuentro toda clase de obstáculos. Uno, el conducir con miedo me lleva a salir siempre en los últimos lugares; dos, por no conocer los circuitos en las curvas, me salgo de la pista; sin embargo, la velocidad me gusta cada vez más. Como la máquina es nueva y me responde, especialmente en las rectas, cada día aprieto un poco más el acelerador, sin darme cuenta que la imprudencia me llevará a pasar momentos de zozobra y peligro. Me quedan dos alternativas: seguir como hasta ahora, y correr solo. Pero como correr solo no tiene ninguna gracia, trato de seguir compitiendo aunque más disciplinadamente, usando el freno con más frecuencia y recurriendo a los rebajes de marcha, pasando de la quinta velocidad a la tercera sin romper la caja de velocidades, cambiando ímpetu y arrojo por cautela y sensatez deportiva.

Es jueves. Día de ensayo. Por los pasillos del Canal 7 se escuchan las risas de los directores Pancho Guerrero, Globo Fontanals y Potín Domínguez divirtiéndose como locos con las ocurrencias del apuntador Morazano y un flaco con perfil discepoloano que pasa corriendo junto a mí, y me dice: «¿Qué hacés, Lechón?» Es Alberto Olmedo, personaje querido por su simpatía y gracia inagotables.

Vivimos en un mundo mucho más moderno. Atrás quedaron las ventosas, la barrita de azufre, el tronquito de perejil, el baño de pie con ceniza, las cataplasmas y las bolsitas de alcanfor.

Ahora una nueva modalidad rige nuestros apetitos de saber qué nos depara el destino en materia de salud, dinero, amor y trabajo. Es el horóscopo. Con él empiezan a aparecer los que predicen el futuro leyendo las manos, los pies, la espalda, las rodillas; los que leen la borra del café, del té, del chocolate, o simplemente los que leen el futuro por medio de las barajas españolas. También los que descifran misterios insondables por medio de colores, sonidos, maneras de dormir, maneras de comer. Lo único que falta es que a uno le adivinen el pensamiento por la manera en que va al baño. Destacan los que recomiendan zahumerios, perfumes, tótems, vasos con agua debajo de la cama, vasos con agua arriba del ropero, limpiar la casa con vinagre, estampitas con santos detrás de la puerta, la pluma del caburé, las patas de conejo, las ristras de ajo en los rincones de la casa, collares con manitos llamados figas, cuernitos colorados, colmillos de animales, pulseras y pañuelos de color rojo, esencias trabajadas, recomendándose especialmente no salir de casa sin llevar un trébol de cuatro hojas en la billetera, ruda macho dentro de los zapatos.

Haciendo un cálculo aproximado del tiempo que le llevaría a una persona poner todo esto en práctica, necesitaría días de 88 horas.

Sin descontar a los síquicos y a los mentalistas, también están los que leen la bola de cristal, el humo, el tarot, los palitos de fósforos, los que tiran piedritas y caracoles, los que invocan espíritus, los consejeros espirituales, los organilleros con el loro que saca el papel de la suerte por una módica suma, llevando a estos fanáticos admiradores y seguidores de todo lo nombrado más arriba a perder tiempo y grandes sumas de dinero, todo como producto de su gran ignorancia.

El lugar donde más pululan estos seres supersticiosos es en la familia teatral, cosa de la que me entero cuando trabajo por primera vez en el teatro. Algunos compañeros me recomiendan, «¡Cuidado con silbar en los camerinos, pues eso trae mala suerte!» y si uno silba sin querer, rápidamente tiene que dar tres vueltas seguidas a los camerinos, con lo que la mala suerte queda ahuyentada.

También está prohibido pintar el camerino de color amarillo, al igual que nombrar la palabra víbora, culebra o serpiente pues el solo hecho de nombrarla traerá tragedias a la familia teatral. Para referirse a estos animalillos usan apodos como «la bicha», «la que se arrastra», «la venenosa», «la innombrable» y «la que te dije».

Otra de las cosas que trae mala suerte entre los artistas según ellos, es cuando alguien te pide el salero. Hay que ponerlo en la mesa, y no en la mano del solicitante pues las consecuencias pueden ser terribles. Lo mismo pasa cuando alguien derrama sal sobre la mesa. Para neutralizar sus malos efectos hay que tomar un puñado de la sal derramada y tirarlo tres veces por encima del hombro izquierdo.

Otra de las causas de posibles tragedias es nombrar a compañeros actores, actrices, músicos o cantantes. Solo decir sus nombres trae mala suerte. Para neutralizar sus efectos devastadores hay que recurrir a un rito un tanto extraño: los hombres se tocan el testículo izquierdo y las mujeres el seno derecho. En reuniones en que hay gente ajena al ambiente artístico, si alguno nombra a uno de estos personajes, los hombres se tocan el nudo de la corbata, y dicen: «Vale por una tocada» lo cual genera extrañeza y curiosidad entre los presentes que no entienden nada de nada.

Hablando de teatro, un hombre que salió de los tablados del balneario con un humor atrevido pero contundente se hace dueño de la taquilla y de la preferencia del público, convirtiéndose en poco tiempo en un as de la comedia argentina. Su nombre, José Marrone.

¡Cómo me divierte hacer televisión! Los días que no tengo ensayo o grabación igual voy al canal, transformándose este en mi segundo hogar. Toda la gente que trabaja ahí es un desfile interminable de sabrosos personajes, simpáticos, locos espontáneos, y algunos más que graciosos.

La televisión se llena de buenos actores. Uno de ellos me llama la atención por su seguridad y versatilidad pues lo mismo hace a un gallego que a uno de los tantos héroes de Shakespeare. Buen actor por donde se le mire, tanto en el drama como en la comedia costumbrista o el género revisteril, hace que su nombre figure en el lugar que solo tienen los grandes. Es mi amigo Javier Portales, con quien tendría el placer y privilegio de trabajar en cine, televisión y teatro por más de treinta años.

Estoy en la televisión. Como televisión. Bebo televisión. Sudo y respiro televisión. Mi director, el Negro Erráiz me da las indicaciones pertinentes del programa de mañana ante la

mirada de los tres *cameramen*, Merodio, Viegas y Bertirrosi.
Se pasan todo el día de broma en broma llenando el ensayo de
un ambiente alegre y divertido pero disciplinado a la vez.
Porque cuando hay que trabajar en serio, nadie mezquina
tiempo y esfuerzo.

Los programas salen todos en vivo y en directo. Los locutores son todos estrellas. Nelly Prince, Nelly Trenti, Gloria
Leyland, Pura Delgado y Pinky adornan con calidad la
pantalla chica en cada una de sus presentaciones, mientras
que Raúl Piñero, Brizuela Méndez, Cattaruza, Aguirre
Mencia, el gordo Tomkinson, Ignacio de Soroa, Carlos Ginés
y Fito Salinas, con simpatía unos y con señorío otros nos
llenan de buenos consejos publicitarios.

La televisión argentina es ya una realidad. Los programas
de preguntas y respuestas no son solo importantes por sus
premios, sino también por su contenido e ingenio. Los
nombres: Iván Caseros e Iván Casadó, primero en radio; y
Carlos D'Agostino y Jorge Cacho Fontana después en televisión darían rienda suelta para que los participantes
demostraran memoria y cultura, llegando algunos a concitar
la atención de todo el país cuando alcanzan a las preguntas
finales. A la tarde, los programas hogareños, dirigidos especialmente a la mujer, tienen formato sencillo, práctico y
atractivo, que van de las manos hábiles del tejido a la receta de
cocina económica y sustanciosa y al consejo diario de los
médicos y los comentarios sobre cómo evitar las arrugas
prematuras, preocupación de toda mujer.

Suena el teléfono. Lo atiendo yo. Se escucha una voz que
dice:

Voz: «¿Con el señor Porcel, por favor?»

Yo: «Con él habla».

Voz: «Lo estamos llamando del Instituto de Mercados y
Tendencias. Querríamos saber qué programa de televisión

está viendo en estos momentos».

Yo: «Con mucho gusto, señorita. Estoy viendo a Pepe Biondi».

Voz: «Muchas gracias, señor».

Ya tengo tres trajes y dos smokings. El 21 de mayo me despierto a las 11 de la mañana; no obstante la débil claridad que hay en la habitación no reconozco el lugar. Nerviosamente miro a mi alrededor. A mi lado yace una mujer durmiendo. «¡Dios mío! ¿Dónde estoy?» Miro a la mesa de luz y veo una tarjeta con el nombre del Hotel Claridge. Me duele la cabeza. Ayer tomé mucha champaña. De pronto lo recuerdo todo. ¡Anoche me casé! ¡Qué fiesta, mama mía! Olguita, la rubia, duerme plácidamente a mi lado. Ya somos marido y mujer. ¡Pobrecita! ¡No sabe en lo que se ha metido! ¡Casarse con un actor! ¡Hay que tener ganas!

Nos vamos de luna de miel a Mendoza. Cuando llegamos, hay cinco grados. El frío está terrible. El hotel no es de primera categoría; ni de segunda. Para qué los voy a engañar. Es de cuarta. Llegamos a la habitación. Desempacamos todo. Vamos en una excursión a Villavicencio y Potrerillos, dos lugares tocados por la mano de Dios por la hermosura de sus paisajes. Cuando llegamos arriba, hace un grado. Mi mujer me dice que me abrigue. Yo, sonriendo, le respondo: «¿Frío a mí? ¿A papá? ¿Al rey de la escarcha?» En síntesis: Papá en cama con 39 grados de fiebre durante cuatro días, con médico y antibióticos. El hotel no tiene calefacción. Lo descubro cuando tienen que subirme una bolsa de agua caliente. ¡Si me vieran los muchachos! Al quinto día me repongo y durante los tres siguientes nos divertimos yendo a bailar como dos tórtolos, comiendo y bebiendo y yendo a espectáculos. Al otro día, de vuelta a Buenos Aires. A Olga la espera su empleo de experta en finanzas y a mí me espera la tele y la radio.

Han pasado unos años. El agente 007 es cada vez más invencible. Uno de mis compañeros de radio empieza a tejer su cadena de éxitos por diez años consecutivos en un teatro de la calle Corrientes. El gran comediante argentino Raúl Rossi, héroe de la serie televisiva «Todo el año es Navidad», escrita por la ágil pluma de Meirialle, creador del famoso programa de radio «Pocholo, Pichuca, y yo» llena todas las noches el teatro. Actúa de manera más que eficaz en obras como «Oscar», «El canto de la cigarra», y otras más.

El Capitán Piluso toma todas las tardes su leche con su amigo Coquito además de cientos de miles de niños que la toman en sus hogares viéndolo por televisión.

Otros periodistas se lucen en programas de estilo y contenido diferentes. El primero de ellos es el «Nene» Augusto Bonardo, hombre inteligente, de finos modales, logrando rápidamente una gran repercusión por sus entrevistas llenas de bonhomía y respeto, dándole a su programa un toque muy particular. El segundo es Nicolás Mansera, ex integrante del programa radial «Pantalla gigante» que dirigiera el recordado Jacobson. Nicolás, bajito de estatura, tenaz, hábil, incisivo, periodista de raza, logra todos los sábados en su programa «Sábados circulares» notas de un nivel y prestigio de calidad internacional, batiendo récords de audiencia. El tercero es Hugo Guerrero, el «peruano parlanchín». Este notable periodista imprime un nuevo estilo y lenguaje a la radio, tomándose libertades no muy académicas que van de lo genial a lo insoportable, porque eso es lo que es. Insoportablemente mordaz e insoportablemente inteligente. Todo el mundo lo escucha. Él también se escucha. Su voz y estilo característicos hacen de él un total innovador. El cuarto empieza escribiendo en la revista «Racing», club del cual era hincha fanático. En poco tiempo se convierte en el periodista político número uno del país, título que ostentaría durante muchísimos años. Hombre elegante y pulcro, todo el mundo lo ve en su programa semanal. Respetado por unos, resistido por otros, se ha transformado en la vedette de opinión más controversial de la historia. Llega a ser una fuente de consulta de algunos prestigiosos políticos y hombres de negocios. Su nombre, Bernardo Neustand. En el periodismo deportivo futbolístico se destaca un periodista cuyas críticas y opiniones irritan a más de un televidente. Su estilo carece de todo convencionalismo. Es ácido, corrosivo, inquietante y torturante. Hace polvo a jugadores, técnicos, árbitros, *linemen*; en fin, a todo lo que se ponga en el camino. ¡Pero cuánta razón tenía, señor Dante Panzeri!

Un hombre llamado Antonio Carrizo intenta sus primeras armas como locutor comercial en Radio El Mundo. Hace de la locución un sacerdocio; mas, su pasión por la literatura, la pintura, la historia y la política lo forman como un hombre culto y preparado. Libro que anda volando, libro que va a parar a sus manos. Tiene varias pasiones: la música, el ajedrez y Boca Juniors. Siempre se le ve por todos lados con un libro bajo el brazo, lo que hace que sus amigos lo llamen «sobaco ilustrado». Don Antonio, oriundo de la localidad de Villegas, se transforma con el tiempo en el defensor número uno de Jorge Luis Borge.

Ha pasado algún tiempo.
Tengo una nueva familia. Mis suegros, don Alberto y doña
Teresa; mis cuñados, Alberto e Inés. Gente sencilla, buena,
trabajadora. Don Alberto, un gallego encantador. Cada
mañana, muy temprano cuando se levanta, lo hace cantando y
silbando, y siempre con una sonrisa. Hasta cuando se enoja le
queda simpático. Yo lo quiero como a mi padre, y él a mí
como a su hijo. Doña Teresa es una mujer muy trabajadora y
afectuosa, de maneras sencillas y con una bondad que se le
refleja en el rostro. Es, lo que se dice, la antisuegra. Inés y
Alberto, dos buenos muchachos que poco a poco se transforman en mis hermanos.

En la casa de mis suegros donde yo vivo ahora, todo es paz
y felicidad, pero el casado casa quiere. Yo quiero, pero no
puedo. Hasta que un día atiendo un llamado telefónico del
Canal 11. De la Dirección artística me comunican que estoy
citado para la tarde. Llego al canal a las cinco. Media hora
después estoy firmando un contrato por dos años como
estrella absoluta de un programa de media hora semanal.
Salgo a la calle y empiezo a caminar sin rumbo fijo, pero con
una felicidad tan grande que no sé cómo expresarla. Sigo
caminando. Hago algunas cuadras más. Tomo un taxi. Llego
a casa de mis suegros con una sonrisa de oreja a oreja. Los
reúno a todos y les doy la gran noticia. Para qué contarles lo
que fue aquello.

Mentalmente empiezo a hacer planes. Lo primero que haré será comprarme una casa. No. Mejor un departamento con un dormitorio grande. No. Mejor con dos dormitorios. En el barrio norte. No. En el barrio norte no porque es muy caro. ¿Y si la compro en Palermo?

Esa noche me duermo como a las tres de la mañana. Sigo haciendo planes. Ah..., me olvidaba del auto. ¿Qué auto me compraré? ¡Ya sé! Un Peugeot. No. Mejor un Fiat. Un Fiat blanco. No. En el Fiat no entro, es muy chico para mí. ¡Bah! Con que tenga cuatro ruedas me conformo.

Mi primer reunión de producción tiene lugar a los dos días de haber firmado el contrato. Toto Maselli, conocido por su experiencia en el medio radio-televisivo, afectuoso y simpático por donde lo busquen, es uno de los directores del Canal. Llegamos a un acuerdo sobre el nombre del programa y los autores que tendrían la difícil tarea de escribir cosas graciosas para mí. El programa se llamará, «Los sueños del Gordo Porcel» y los autores serán los hermanos Basulto, Garaycoechea, Juan Carlos Mesa y Mario Manriquez. Cinco autores para mí solo.

Al principio no es sencillo ordenar cinco mentes para un programa de media hora semanal. Los primeros no cubren las expectativas que muchos se han fijado, especialmente los directivos del Canal. Es un humor distinto, ultrafino, con personajes muy graciosos, cuyos adeptos principales serán los niños. Pero igual, con todos los problemas que tengo, me divierto como un loco. Si a este programa tuviera que ponerle un puntaje del uno al diez, le pondría cinco y medio. Después de dos años, se logra convencer a medias a un público ávido de programas cómicos.

Pasan varios meses. Estoy sin trabajo. ¡Qué triste es ver

pasar los días y las semanas sin que nadie lo llame a uno para trabajar! La tristeza se transforma en angustia, y la angustia en desesperación. Por esa situación pasan muchos actores y actrices injustamente olvidados.

Carlitos Balaá se ha convertido en el ídolo de grandes y chicos con su programa «Balamicina».

La juventud practica cada vez menos deportes. Otras cosas no muy saludables ocupan su mente y su tiempo. Muy pocos deportistas se destacan en el medio; sin embargo, en natación, Nicolao logra tiempos récords al bajar los cincuenta y cinco segundos en los cien metros estilo mariposa. Y en remo, Alberto Demiddi se luce internacionalmente.

Nos visita Angelo Lítrico, «pope» del arte de vestir masculino. Pasa por Buenos Aires sin pena ni gloria, pues en vez de enseñar se va aprendiendo.

Suena el teléfono. Es la llamada salvadora. El poderoso empresario Julio Gallo me cita a sus oficinas para firmar contrato como estrella absoluta en uno de sus teatros. Me cambio en menos de dos minutos. ¿Qué traje me pongo? Porque no sé si se enteraron que ya tengo cuatro. Llego a las ocho de la noche. A las nueve y media estoy firmando contrato para debutar en el Teatro Francisco Canaro, ex Teatro Solís, que está en el barrio de Constitución. Después de firmar, me voy feliz, pero esta vez no tanto pues me había hecho la ilusión de trabajar en un teatro más céntrico, específicamente en alguno de la calle Corrientes. Pero no importa. Algo es algo. Debuto el día 4 de enero. La obra se llama «La muchachada de a bordo», pieza cómica que Luis Sandrini hiciera famosa en el cine. Después de muchos ensayos y de un debut auspicioso lleno de periodistas e invitados, al otro día no viene casi nadie. Hacen 30 grados de calor. La gente está en las piscinas, en sus casas frente a algún ventilador o sacando tiquetes en alguna heladería.

Ha pasado un mes. De los quince a veinte espectadores por noche aumentamos a setenta. La cosa toma otro color. Los sábados metemos entre trescientas y cuatrocientas personas.

Al levantarse el telón en el primer acto, la gente me ve vestido de marinero, lo que la hace reír sin parar. Yo adquiero cada vez más experiencia. Al tiempo me doy cuenta que hago reír a la gente con una extraña facilidad. Todas las noches, y durante las dos horas que dura el espectáculo, la gente se divierte. Hasta que termina mi contrato.

Otra vez sin trabajo. Otra vez a esperar el llamado salvador. Así van pasando los días y los meses.

Un programa empieza a ser tenido en cuenta por el público. En muy poco tiempo logra popularidad. Tiene un humor diferente. Su nombre es «Operación ja, ja». Sus creadores son los hermanos Gerardo y Hugo Sofovich. Un día, Gerardo me invita a cenar para hablarme de negocios. Lo espero en la puerta de Radio Splendid. A las nueve menos cinco pasa a buscarme en un Fiat 600 color celeste. A las nueve y treinta estamos sentados comiendo un sabroso arroz con pollo con vino Sutter, etiqueta marrón. Congeniamos rápidamente. Estoy frente a un hombre muy inteligente y veloz. Al poco tiempo estoy integrando el elenco de «Operación ja, ja».

El día que entro al primer ensayo lo hago saludando a todos. De pronto escucho una voz detrás de mí que me dice,

«¿Qué hacés, Lechón?» Es Alberto Olmedo. Sentado a su lado está Javier Portales. ¡Lo que me espera, Dios mío!

Si la memoria no me falla, por el programa pasan Eddie Pequenino, Cesar Bertrand, Ernesto Bianco, Carlos Carella, Tono y Gogó Andreu, Pepe Soriano, Fidel Pintos, Jorge Luz, Juan Carlos Altavista, Charola, Marcos Zucker, Alberto Irizar, Tristán, Chico Novarro, Mario Sapag, Rolo Puente, Julio De Gracia, García Grau, Quique Ruiz, el director musical Horacio Malviccino, Orlando Marconi, María Rosa Fugazot, Carmen Morales, Mariquita Gallegos, Julio Sandoval, Mario Sánchez, Vicente Larrusa, Jorgelina Aranda, Raúl Crespi. Todos somos muy unidos. Los ensayos transcurren en un clima de alegre camaradería, donde abundan las bromas y los agregados insólitos que nos hacen morir de risa. Después de ensayar en un viejo club de la calle Carlos Calvo, nos quedamos a almorzar. A veces hacemos sobremesa hasta la noche, escuchando jugosas anécdotas de Fidel Pintos o de Jorge Luz. Todos mis compañeros, en mayor o menor medida, son super graciosos. Todos cantamos, y a la vez que actuamos también hacemos imitaciones. Es un elenco completo, jamás visto en la televisión argentina.

Durante años, «Operación ja, ja» es el dueño absoluto de la audiencia. Poco tiempo después saldrá de ese elenco otra creación genial de Gerardo Sofovich que batirá todos los récords de audiencia. Es «Polémica en el bar». Sus primeros integrantes son Crespi, Carella, Altavista, Irizar y yo. En esos dos programas paso los años más divertidos y felices de mi vida. ¡Qué elenco, mama mía!

«La peluquería», *sketch* en el que Javier Portales aparece comentando con el peluquero Fidel las novedades de la actualidad, provoca las más hilarantes situaciones. En ese *sketch* yo hago de vendedor ambulante. De pronto, cuando menos lo imaginamos, entra Olmedo vestido de bombero con un extinguidor en la mano y gritando, «¡Fuego! ¡Fuego!» Activando el extinguidor, lanza su descarga de espuma helada en las partes más sensibles de nuestros cuerpos. Este personaje se repetirá en el *sketch* «La farmacia de don Mateo», logrando el mismo resultado.

«Polémica en el bar» *sketch* que luego pasaría a transformarse en un programa de una hora, tiene dos estrellas que se lucen en forma extraordinaria, transformándose en dos titanes del humorismo: Fidel Pintos y Minguito Altavista. Este *sketch* lo tiene todo: información sobre el quehacer cotidiano del mundo entero, comentarios sobre visitas de personajes ilustres, sobre descubrimientos científicos, sobre estrenos artísticos, sobre casamientos de figuras importantes, sobre hechos políticos y toda clase de eventos deportivos. Se habla de boxeo, de fútbol nacional e internacional. Pasa desde la opinión equivocada a la respuesta correcta creando un clima de cultura popular y humorismo inimitable. Todo dirigido por la batuta de Gerardo Sofovich.

Al poco tiempo hago mi primera película como actor principal. El Gordo Villanueva, personaje que ocupa un lugar preferencial en la revista Patoruzú, es un individuo sobrador, falso influyente, acomodaticio, verborrágico pero querible a la vez. Creado por Luis Parks, más conocido como Luis de la Plaza, notable observador de la vida de Buenos Aires.

Una mañana entro a la farmacia a comprar un peine y jabones para el camerino. Siento como que algo raro está pasando. La cajera es la misma, el farmacéutico el de siempre. Voy a pagar, y ahí me doy cuenta. No está la balanza. La busco con la mirada por todos lados sin poderla hallar. Mientras me dan el vuelto le pregunto a la cajera, como que no quiere la cosa.

Yo: «Perdón, señorita... ¿y la balanza?»
Cajera: «¡Cómo! ¿No sabe?»
Yo: «¡No! ¿Qué pasó?»
Cajera: «La semana pasada se la llevaron de urgencia».
Yo: «¿Y por qué?»
Cajera: «Se le desbalancearon las pesas vasculares, provocándole un espasmo circular en los resortes y los tensores».
Yo: «Y eso, ¿es muy grave?»
Cajera: «Creo que sí, porque por seis meses no se le podrá subir nadie».
Yo (riéndome para mis adentros): «¡Qué lástima! ¡Pobrecita! Hasta luego».
Salgo a la calle, y apenas traspongo la puerta, me escondo sin que me vean. Escucho al farmacéutico gritar:
Farmacéutico: «¡Salí, que ya se fue!»
Balanza: «¿Están seguros?»
Farmacéutico: «¡Sí! Salí tranquila».
Yo: «Je, je. ¡Me tiene miedo!»

Al otro día me levanto temprano y me voy derechito a la agencia de autos Peugeot del corredor Ricardo Bonnano. Me atiende su vendedor estrella, el señor Venza. Voy a comprar un coche usado, pero este señor Venza entra a hablar, a hablar y a hablar que termino comprando un cero kilómetros. Y él sigue hablando, contándome las bondades del automóvil. Ya se ha cerrado la operación y él sigue hablando. Si no me voy, me ahoga en letras. Tiene los bolsillos llenos de mayúsculas y cursivas inglesas. Es viernes. Tengo que retirar el auto al día siguiente; o sea, el sábado. Todo está bien. El automóvil es un Peugeot 403 blanco tiza, tapizado en rojo y blanco. Pero hay un inconveniente. No sé manejar y lo tengo que retirar al otro día. ¿Qué hacer? ¡Ya sé! Lo llamo al famoso corredor de turismo carretera, mi amigo el campeonísimo Oscar Alfredo Gálvez. Al escuchar lo que me pasa, me dice que vaya urgente a buscarlo a su taller en la calle San Martín. Paso a buscarlo y con el mismo taxi nos vamos para la Ford que está en la localidad de Pacheco. Llegamos. Todo el mundo lo saluda cariñosamente mientras saca el coche de carrera que conduce Atilio Viales del Carril. Nos montamos en el auto y salimos a la Ruta 9. Mientras conduce, Oscar Alfredo me dice:

Oscar Alfredo: «¡Agarrá la bolsa que está atrás!»

Yo: «¡Cómo pesa! ¿Qué tiene?»

Oscar Alfredo (sin sacar los ojos de la ruta): «Dos termos de café con leche y tres docenas de bizcochitos con grasa».

Yo: «¿Y esto?»

Oscar Alfredo: «Para el viaje».

Yo: «¿Qué viaje?»

Oscar Alfredo: «El que vamos a hacer vos y yo, porque hasta que no aprendás a manejar no volvemos a Buenos Aires».

Yo: «¿Como que no volvemos?»

Oscar Alfredo: «Hoy, conmigo, aprendés o aprendés. No importa el tiempo que me tome, así tengamos que ir hasta Córdoba».

Yo: «¡Pará loco, pará, que Córdoba queda a 900 kilómetros!»

Oscar Alfredo: «¿Pará? ¿Vos querés que me mande un trompo en la mitad de la ruta?»

Yo: «¡Está bien!»

Oscar Alfredo pasa una hora y media enseñándome los cambios y las nociones más elementales de cómo conducir en la ciudad y en la carretera. Ahora el que está sentado al volante soy yo. Pongo primera, después segunda, luego tercera. Volvemos a Buenos Aires, pero esta vez manejando yo. Los coches y camiones nos pasan cada vez más cerca. De reojo veo que Oscar Alfredo toma café con leche y come bizcochitos mientras mira el paisaje. Me dice:

Oscar Alfredo: «¡Lindo día, eh!»

Yo: «¡Miráme a mí, a ver cómo estoy haciendo las cosas!»

Oscar Alfredo: «Quedáte tranquilo. Ya podés salir a manejar tu auto cuando quieras».

Yo pienso para mis adentros, «o este es un loco o es un fenómeno...». Las dos cosas.

Al otro día, a las nueve en punto, estoy en la concesionaria de la Peugeot. Me entregan el auto. Subo. Lo pongo en marcha, y lentamente me alejo. Por el espejo retrovisor veo cómo los mecánicos y vendedores han salido a la calle a ver cómo me mataba en la esquina. A los veinte minutos toco el timbre en mi casa. Sale Olga y le digo:

Yo: «¡Mirá! ¡Tenemos auto nuevo!»

Mi esposa: «¿Quién te trajo?»

Yo: «Yo mismo».

Olga: «Mamá, papá, ¡este está loco!»

¿Qué había pasado? Ni en la agencia ni en mi casa había dicho que había ido a aprender a manejar.

Aplausos en la tribuna.

Pelé, Pelé, Pelé. Siempre Pelé. El gran futbolista brasileño sigue ocupando los titulares deportivos de todos los periódicos del mundo. Esa tarde juega el Santos de Pelé contra el Racing Club de Avellaneda. ¡Qué partido! ¡Qué dos equipos! El número 11, el *wing* izquierdo de Racing, la bruja Belén, esa tarde juega como nunca. Zito, el centro *half* más famoso del mundo por su calidad y prestancia futbolística, lo corre por toda la cancha sin poderlo parar. Ese día, la bruja Belén se daría un banquete con los defensores del Santos. Racing juega magníficamente. El Santos no se queda atrás. Racing toca la pelota con maestría, pero... siempre hay un pero. En el Santos juega Pelé. Este desnivela y pone en ventaja a su equipo con dos goles hechos desde una posición tan difícil que nadie lo puede creer, tanto que al arquero todavía se lo están tratando de explicar. El *match* termina a favor del Santos por 4 goles a 2. El Gráfico titularía en sus páginas centrales algo más o menos así: «Racing y Santos: el mejor partido de la historia».

Al otro día, unos amigos y yo les hacemos un asado pantagruélico a los jugadores del Santos bajo la tribuna del estadio de Racing. Asisten todos los jugadores del equipo argentino y como invitado especial mi amigo Lucho Gatica, a quien días atrás el vicepresidente del Racing, Fernando Menéndez Behety lo ha nombrado socio honorario del Club. ¡Qué asado! ¡Qué chinchulines! ¡Qué mollejas! ¡Cómo come Pelé! Ese día, Pelé me gana por 7 chorizos a 5. Después de los postres, otro de los invitados, el cómico y guitarrista Mario Sánchez saca la guitarra haciendo las delicias de todos los presentes. Luego, Lucho canta como solo él sabe hacerlo. Pelé me sugiere que cantemos los tres. Lucho Gatica, Pelé y yo cantamos varias canciones juntos. Cuando terminamos, el negro sigue comiendo. Zito me pregunta: «¿Qué tal canta Pelé?» Yo: «Mejor decíle que siga con el fútbol».

Ese almuerzo se prolonga durante toda la tarde, transformándose en una fiesta inolvidable que duraría hasta altas horas de la noche. Yo, feliz. Estoy con los dos más grandes, Pelé y Lucho Gatica.

Los músicos. ¡Qué tipos especiales son los músicos! En el ranking de locos por el arte, los músicos van primero; lejos, muy lejos, vienen los cantantes; después, los actores y rezagados los pintores, los escultores y los escritores. Los hay de todas clases: los excéntricos, los parcos, los verborrágicos, los ceremoniosos y los distraídos.

Dentro de los distraídos hay un director de tangos que un día sube al tren que lo llevaría a Mar del Plata, ciudad donde tiene varias actuaciones con su orquesta. Apenas el tren se pone en movimiento ve que otro músico, de apellido González, se sienta frente a él.

Director: «¡Hola, González! ¿Cómo le va?»

González: «Muy bien, maestro, ¿y a usted?»

Director: «¡Ya lo ve...! ¡Trabajando siempre...! ¿Cómo está su familia?»

González: «Bien, gracias a Dios. ¿Y la suya?»

Director: «Todos bien, menos mi madre... Tiene los achaques lógicos de su edad...».

González: «¿Y qué edad tiene su mamá?»

Director: «Ochenta y siete años... (Gran silencio). Dígame, González, usted ¿con quién está trabajando ahora?» González: «Con usted, maestro. ¡Hace doce años que trabajo con usted!»

Otro de estos personajes es un baterista no muy conocido. Es el rey de los distraídos. Un día se sube a un tranvía por la parte de atrás acompañado de su esposa. Se sientan en el último asiento. El tranvía se llena. Sube una mujer embarazada. El baterista se pone de pie y le cede el asiento. Poco a poco se va corriendo hacia adelante, hasta que se sienta en un lugar que queda vacío. Al girar la cabeza repara que a su lado está sentado otro músico al que hace mucho tiempo que no ve. Felices los dos por el encuentro se abrazan una y otra vez en forma efusiva. Se genera entre ellos una charla donde abundan anécdotas y momentos vividos, recordando ambos inevitablemente a compañeros que ya no están. La conversación se torna cada vez más emotiva e interesante.

Ha pasado algo más de una hora. Deseosos de seguir conversando, ambos músicos se ponen de acuerdo para ir a almorzar juntos. Se bajan en Maipú y Corrientes. Van a comer a un restaurante que queda frente a Radio El Mundo. Mientras comen siguen recordando anécdotas y pasajes de sus vidas. Pasan más de dos horas. Se van caminando por Maipú y al llegar a Córdoba se sientan en un bar a tomar café siempre recordando momentos pasados hasta que el baterista, agarrándose la cabeza, lanza un grito: «¡Mi mujer! ¡Me la olvidé en el tranvía!»

Otro caso de músico distraído es el protagonizado por un pianista de tangos, muy conocido. Es tan distraído que un día sale de Radio El Mundo, se para en la puerta, detiene un taxi, se sube apresuradamente y le dice al chofer: «¡Rápido! ¡A Radio El Mundo!» Una vez que quiere llamar por teléfono a su casa, le dice a uno de los músicos:

Pianista: «¿Usted sabe cuál es el número de mi casa?»

Músico: «¡Sí!»

Pianista: «¿Me lo dice, por favor?»

Estando en París, la orquesta toca el tango «Adiós, pampa mía», mientras el piano toca «Caminito»; es decir, que mientras la orquesta toca un tango, el pianista de la orquesta toca otro.

Aparte de músicos distraídos hay cómicos distraídos. Uno de ellos es el graciosísimo cómico argentino Don Pelele. Estamos trabajando en un teatro de revistas. Hacemos dos *sketches* donde actuamos juntos. El primero, de romanos, y el segundo, de mexicanos. En el primero, después que las bailarinas hacen un musical vestidas de romanas aparezco yo vestido de centurión. Después de un breve monólogo, digo: «Aquí viene Julio César». Entra don Pelele vestido de mexicano. Nadie puede hablar de la risa. Pelele, al darse cuenta que se ha equivocado de ropa, se va, diciendo: «Perdónenme. Me equivoqué de teatro».

Otra anécdota del distraído don Pelele sucede en el Teatro Maipo. Trabajamos en una revista en la que yo hago la apertura y el final y como entre esas dos apariciones tengo mucho tiempo sin hacer nada, algunas noches, para no aburrirme, apenas termina la apertura me voy a la última fila de la platea, que casi siempre está vacía, a ver el espectáculo. Una noche, veo que a mi lado se sienta don Pelele. Después de un número musical se levanta el telón. Pasa como un minuto sin que nadie aparezca en el escenario.

Pelele: «¡Qué bache!... ¿A quién le toca ahora?»

Yo: «¡A vos, Pelele!»

Pelele: «¿A mí?»

Yo: «¡Sí, a vos!»

Pelele se para, se va caminando por la platea, sube al escenario y tranquilamente hace su monólogo.

Otra de don Pelele. Se casa con una actriz cómica, baja y gordita. Al poco tiempo se separan. Pasan cinco años. Pelele vive con otra mujer. Una noche, después del teatro, llega a su casa. Sin encender la luz del dormitorio, se mete a la cama y se acuesta. Le dice a su mujer: «¿Cómo engordaste?» La mujer enciende la luz, y le dice: «¿Qué hacés aquí?» Pelele se había equivocado y se había ido a la casa de su primer mujer.

Toda mi vida la vivo entre cómicos y músicos, principalmente entre estos últimos. Primero, por la pasión que siento por la música; y segundo, por la especial gracia que me hacen muchos de ellos. Uno de estos, que abundan en las noches porteñas, es el gran bandoneonista cordobés Siriaco Ortiz, ser maravilloso y de ingenio inagotable. Una noche entramos al bar Gordon. Nos sentamos a una mesa a tomar café. En la mesa de al lado hay dos músicos sentados uno frente a otro. Los dos sufren de miopía avanzada. Ambos lucen anteojos con gruesos vidrios de aumento. Los dos están en silencio, sentados frente a frente. Mirándolos, Siriaco Ortiz me dice: «Mirá, se están esperando».

Uno de los personajes que me enseñan a escuchar muy buena música es el Chino Medina, locutor y *disc jockey* de un conocimiento y gusto inimitable. En su programa «Sudamérica de noche» emitido por LR5, Radio Excelsior de Buenos Aires, tengo el placer de gustar el arte de Olga Guillot, Lucho Gatica, Benny Moré, el Trío Matamoros, Daniel Riolobos, Julio Jaramillo, los Hermanos Castro, Tito Puente, Machito, el Sexteto «La Playa», Lobo y Melón, Maravilla y su combo, Tito Rodríguez, Joe Cuba Sextette, y a los brasileros Maysa Matarazzo, Os Cariocas, Tito Menescal, Os Farrupillias, Elizette Cardoso, Joao

Gilberto, Dick Farney y muchos otros cuyos nombres se me escapan por ahora.

Otro de los que me ayudan a conocer y a gustar la buena música es mi recordado amigo Mochín Marafiotti, *disc jockey*, productor y autor musical, ganador de varios discos de oro y de platino los que avalan su exitosa carrera. Mochín tiene cuatro pasiones: el Racing Club, la música, los cigarrillos Jockey Club y la Coca Cola. Yo le pregunto en broma: «¿Si te sacan alguna de estas cuatro cosas, ¿qué haces?» El me responde en seguida: «¡Me suicido!» Pregunta: «¿Qué me mirás? Te lo digo en serio, ¡Me suicido!»

Mochín sabe de música más de lo que uno pudiera imaginar. Tiene un gusto y un olfato por lo bueno que da envidia. Conoce todos los secretos y resortes de la producción musical. Gracias a él conozco a dos de los más grandes músicos argentinos, Carlos Francetti y Jorge Calandrelli, los dos, pianistas experimentados, grandes arregladores y compositores.

Suena el teléfono. Lo atiendo yo. Escucho una voz que me dice:

Voz: «¿Con el señor Porcel, por favor?»

Yo: «Con él habla».

Voz: «Lo estamos llamando del Instituto de Mercados y Tendencias. Querríamos saber qué programa de televisión está viendo en estos momentos».

Yo: «Con mucho gusto, señorita. Estoy viendo a Pepe Biondi».

Voz: «Muchas gracias, señor».

Estoy yo en la oficina de una casa grabadora esperando ser

atendido por el gerente artístico cuando se sienta enfrente mío un muchacho joven que me pregunta: «¿Usted es Porcel?» Le contesto afirmativamente. Estrechándome la mano, me dice: «Mucho gusto. Soy Jorge Calandrelli. Soy músico arreglador... ¿Sabe una cosa, Porcel? Usted canta muy bien». Yo le agradezco al tiempo que me vienen a buscar. Al despedirme de él, me dice: «Algún día vamos a hacer algo juntos». Pasan 15 años. La Columbia Broadcasting System me contrata para grabar un *long play*. El productor es Mochín Marafiotti. Me llama por teléfono y me dice: «Traé escritos los títulos de los diez temas que más te gustan y y los confrontamos con los que yo elegí». A las 10 de la noche llego a su casa de la calle Pampa. Me abre la puerta vestido íntegramente de jugador de fútbol, con el uniforme del seleccionado de Brasil. Se da vuelta, señalándome el número 10 que tiene en la espalda. Me pregunta:

Mochín: «¿A quién te hace acordar este número?»

Yo: «A Pelé».

Mochín: «¿Y quién es Pelé?»

Yo: «El más grande».

Mochín: «Pasá y sentáte, que estás con el más grande».

Él lo dice en broma pero tiene razón. Es un grande. Esa noche es una noche de sorpresas. Confrontando los títulos que ambos habíamos elegido por separado, vemos que los diez títulos que eligió él y los que elegí yo son los mismos. Machín empieza a saltar por todo el *living* de la casa mientras me dice: «A ver, si me entendés. Yo soy Pelé y vos sos Omar Oreste Corbatta, el *wing* derecho más grande de la historia del fútbol». Entre Coca Cola y cigarrillos, me dice: «Ya tengo el arreglador. Está en Nueva York. Es un músico excepcional». Y haciéndome escuchar un CD por Cheo Feliciano, me pregunta:

Mochín: «¿Te gusta el arreglo?»

Yo: «¡Es buenísimo! ¿Quién es?»

Mochín: «Tu arreglador. Jorge Calandrelli».

¡Qué generoso es Dios conmigo!

A los seis meses estamos en Nueva York grabando mi primer *long play* en el estudio B de la Columbia. El arreglista y director es Jorge Calandrelli, acompañado por músicos de la talla de Rubens Bassini, Stanley Banks, Jorge Anders, David Bergeron, Lewis Soloff, Marvin Stamm, Marcus Miller, Joe Beck y Buddy Williams, entre otros.

Actualmente, Jorge Calandrelli es arreglador, productor y director musical de Tony Bennett. En 1994 es nominado para el Oscar por la música de una película premiada.

Uno de los músicos más extraordinarios que he conocido es el pianista y guitarrista Baby López Fulst. Es asombrosa la ductibilidad que tiene para tocar los dos instrumentos, formando con Jorge Navarro un dueto de piano imposible de olvidar. Una noche en casa de Mochín conozco a Carlos Francetti, músico de esos que nacen uno cada 100 años. Arregla musicalmente con calidad lo mismo una guaracha que un tango. Escribe lo mismo un tema de jazz que una sinfonía. Escribe las cuerdas y los metales como pocos. Un día viene a mi casa, dejándome dos casetes, uno con la música que él escribiera para la película titulada «La película del rey», y el otro, su «Concierto para metales» grabado con la Sinfónica de Nueva York que él había escrito a pedido de una universidad. Cuando se va de casa después de haber tomado unos cafés me quedo solo escuchando atentamente su obra. Un sentimiento de asombro primero y de felicidad después me invade totalmente, haciendo que lo escuche una y otra vez. Al otro día lo llamo por teléfono, le digo que junte las grabaciones de música que ha escrito y lo cito a las 4 de la tarde en las puertas del Teatro Colón. Yo llego a las 4 menos diez. Él ya me está esperando.

Francetti: «¿Me querés decir para qué me citaste aquí?»

Yo: «Vamos a ver al director del Teatro Colón, que es amigo mío. Quiero que hoy sin falta escuche toda tu música que grabaste». Francetti: «¿Le pediste una cita?»

Yo: «No».

Francetti: «¿Vos sos loco? Si a mí ni me conoce».

Yo: «A vos, no; pero a mí, sí».

Francetti: «¡No. Yo me voy!»

Yo: «Vos no te vas nada».

Me hago anunciar. A los dos minutos, mi amigo Cecilio Madanes, director del Teatro Colón viene a mi encuentro. Después de saludarme, me pregunta:

Cecilio: «¿Qué hacés por acá?»

Le presento a mi amigo Francetti y le digo:

Yo: «Cecilio. Necesito un poco de tu tiempo».

Cecilio nos hace pasar a su despacho.

Cecilio: «Bueno, ¿de qué se trata?»

Yo: «Resulta que mi amigo Francetti es uno de los músicos más extraordinarios que ha dado el país. Necesito que vos lo escuchés hoy mismo, sin falta».

Cecilio: «Sí... comprendo pero, ¿justamente tiene que ser hoy?»

Francetti: «Si es por mí, podemos venir otro día».

Yo (interrumpiéndolo): «¡Qué otro día! ¡Tiene que ser hoy!... Acá tenés el material para que lo escuchemos ahora mismo».

Cecilio (un poco contrariado): «Es que yo acá no tengo equipo musical para escuchar».

Yo: «No importa, mandá a tu secretario a que consiga uno. Nosotros esperaremos».

Cecilio (más contrariado aún), manda a su secretario a que consiga un equipo musical. Mientras este lo va a buscar, Cecilio Madanes empieza a leer el currículum musical de mi amigo Francetti. Ya tiene otra cara. Al ratito cae el secretario con el equipo musical. Lo arma. Lo enchufa. Ha llegado, por fin, el gran momento. Francetti pone el concierto para metales. Mientras escucha, a mi amigo Madanes le va cambiando poco a poco la cara. Está más y más interesado. Cuando termina el casete, Cecilio se pone de pie y le dice a Francetti: «¿Cuándo firmamos?»

A fin de año, en el Teatro Colón, un nutrido público escucha las mejores obras de Carlos Francetti.

La tribuna a coro grita: «¡Dale, Carlos! ¡Dale, Carlos!»

Al mismo tiempo que trabajo de día, vivo la noche con la libertad de un soltero y todas sus implicancias. Alterno con toda clase de personas. Trato de rodearme con lo mejor que da esa vida. Encuentro de todo: muy bueno, bueno, regular, malo y peor. La tribuna recita: «Hombres necios que acusáis a la mujer sin razón...». Yo: «¡Apaguen esa radio y déjenme dormir!». Yo también dejo que mis emociones anulen mi escasa prudencia y sabiduría.

El mundo sigue cambiando. La casa propia ya no es prioridad número uno. Primero, por las pocas facilidades que la mayoría de la gente tiene para comprarla; segundo, porque ha pasado a primer plano un elemento indispensable, el auto propio. La gente se prodiga haciendo lo imposible para tener un automóvil. Los que no tienen nada, ansían tener aunque sea un Fíat 600. Si tienen un Fíat 600 desean el 1500. Los dueños de un 1500 ambicionan un Peugeot y así sucesivamente. Es el juego de ver quién llega más rápido a alcanzar un lugar privilegiado cuya meta es el status, nueva palabra que reina en el idioma cotidiano de la gente.

En la noche porteña se lucen los cantantes Rolando Laserie, Carlos Argentino, Pepe Reyes y Vicentico Valdés.

Alfredo Alcón y Rodolfo Bebán deslumbran al público argentino con sus actuaciones.

La minifalda hace su agosto en todos lados.

En el Canal 13 hago «Porcelandia», un nuevo programa cómico musical que escribiera con éxito Jorge Basulto.

Diana Maggi logra un éxito espectacular creando un personaje que la gente todavía recuerda, «la paisanita», que dice:

Rude, rude, rude
Te quiero de noche
Y te quiero de día
Rude, rude, rude
Te quiero comiendo,
Comiendo sandía.

¡Cómo disfruto con los actores Ricardo Lavié y Beto Gianola, estupendos comediantes y excelentes personas. En el *sketch* «El Padrino» en que yo remedo a Marlon Brando, es tanto lo que nos divertimos y gozamos que nos reímos más nosotros que el público. Lo mismo pasa con la cantante y actriz, mi queridísima e inolvidable Beba Bidart. Todos actuamos y cantamos, creando personajes muy festejados por el público, como el del «gaucho judío» creado por el comediante Norman Erlich, magnífico actor que logra un gran impacto.

Una tarde me llama por teléfono el marido de la vedette Zulma Fayat, que está batiendo récords con su compañía de teatro de revistas en gira por todo el país. Al encontrarme con ellos, me comunican que me necesitan en la compañía como primer actor cómico, pero en carácter de urgente. Yo pregunto lugar, fecha y hora. Ellos me dicen: «Hoy, en la ciudad de Rosario, a las 9 y media de la noche». En media hora estoy parado en la puerta de mi casa con la valija en la mano. Me llevan a la ciudad de Rosario en dos horas y media.

Mientras yo me aprendo la letra en el viaje, Zulma me dice: «¡Quedate tranquilo, que todo va a salir bien!» Llega la hora del debut. Yo estoy más desorientado que Adán en el Día de la Madre. El teatro está de bote a bote. Detrás del telón todos pasan a mi lado y me dicen: «¡Tranquilo, eh!» Yo, para calmar los nervios, pido una pizza de mozarella. Se levanta el telón. Después de la apertura musical comienza mi *sketch*. Apenas aparezco entre los aplausos y risas del público y mientras saludo, veo que los técnicos se empiezan a comer mi pizza. Entra Zulma al escenario. El diálogo entre ambos es muy gracioso, tanto que la gente salta en sus butacas a causa de la risa. Yo hago de marido engañado, diciéndole en una parte:

Yo: «Soy el hombre más desgraciado de la tierra».

Zulma: «¡Ya sé! ¡Descubriste que te engaño!»

Yo: «No. No es por eso».

Zulma: «¿Por qué es, entonces?»

Yo: «Porque me están comiendo la pizza».

Zulma (que no entiende nada, pregunta): «¿Qué pizza, Gordo?»

Yo, corriendo, descorro con la mano el telón de boca, mostrando a los técnicos que están en pleno mastique. (Aplausos y risa general.)

La primer función ha sido todo un éxito. Mando a buscar otra pizza. Al rato viene el muchacho con el dinero en la mano, diciéndome que la pizzería está cerrada. La segunda función es igualmente graciosa, pero no es lo mismo.

Pepe Parada, aparte de ser mi apoderado y mi representante durante más de veinte años, se transforma con el tiempo en mi amigo, en mi hermano, en mi secretario y confesor, mi guía, mi soporte, mi compinche, mi cómplice, mi consejero, mi subalterno, mi acompañante, mi papá y mi mamá, todo eso por la módica suma del diez por ciento de mis ganancias. Él me acompaña en las buenas y en las malas. Especialmente en los momentos más difíciles de mi vida, siempre lo tengo a mi lado. Mientras estoy actuando en el Teatro Maipo viene una hora antes de la función, se mete en mi camerino para contarme las últimas novedades del ambiente, enriquecidas por su clase de hábil narrador. Se saca la camisa y la corbata y usando mis utensilios de tocador se afeita, se lava con mi jabón, usa mi toalla, mi desodorante, mi colonia importada y mi peine. Se pone la camisa, la corbata, el saco y se va a buscar más novedades. Todos los días lo mismo durante años. Aparece, va, viene, se lava, se afeita hasta que una noche, a los diez minutos de haberse acicalado e ido, aparece de nuevo. Viene con la cara descompuesta. Me pregunta:

Pepe: «¿Se puede saber qué desodorante usas ahora? Me arde como loco. Será muy bueno, pero yo no lo aguanto».

Yo: «¡Animal! ¡En vez de usar el desodorante te pusiste mata cucarachas Raid!»

Al lado de mi camerino está el que ocupa don Pelele, un loco de la guerra que me hace reír todas las noches con una salida distinta. Una noche, entre función y función estamos en mi camerino jugando a las barajas. Mirando al cielorraso me señala una enorme cucaracha.

Pelele: «¿Y esa cucaracha?»

Yo: «¡Ya me tienen cansado estas cucarachas! Por más que fumigan y fumigan, se van pero siempre vuelven».

Pelele (se levanta, y me dice): «¡Esperá!»

Veo que sale, va a su camerino y al volver viene con un .38 largo. Apunta a la cucaracha y dispara. Hace un gran boquete en el cielorraso; luego, me dice:

Pelele: «¡Las otras podrán volver, pero esta no vuelve más!»

Otro loco de la guerra es el Negro Olmedo. Un día estamos grabando en el Canal 9. Al medio día nos dan dos horas para

almorzar. Ese día, el Negro tiene ganas de comer una parri-
llada. Me sugiere ir a «Los Carritos», de la Avenida
Costanera. Salimos a la calle. Me pregunta:

Olmedo: «¿Trajiste tu auto?»

Yo: «No».

Olmedo: «¡Qué macana! Yo tampoco».

Yo: «Vamos en taxi».

Olmedo: «Esperáme. Voy al Canal a ver si consigo un auto
prestado».

Entra al Canal y a los dos minutos sale con un Torino
coupé, coche muy de moda en esa época. Subo. Arranca. Yo
le pregunto: Yo: «¿Cómo lo conseguiste?»

Olmedo: «Después te digo».

Comimos, bebimos, regresamos al Canal y al entrar al
estacionamiento, el portero le dice al Negro:

Portero: «¿Usted sabe, Olmedo, que hace dos horas de
aquí se robaron un coche igualito a este?»

El Negro estaciona el auto y me dice:

Olmedo: «¡Vamos, Lechón! ¡Aquí ya no se puede confiar
en nadie!»

Así es mi querido amigo Olmedo. Loco, travieso, pero con
una simpatía tan grande que uno le perdona todas sus trave-
suras. Rara vez lo he visto enojado. Y si lo está, lo disimula, y
cuando no, muestra su bronca con mesura. Así es el Negro,
este noble rosarino nacido en el barrio de Pichincha, con una
infancia nada fácil, con momentos alegres y tristes, como su
mirada. Dueño de una gracia sin límites, el Negro es una
fábrica de hacer amigos.

Admirado y querido por donde se lo busque. Flaco, pulcro,
elegante. No le gusta hablar de política. Buscador incansable
de la felicidad. Si le hubieran dado a elegir en qué calle le
habría gustado vivir, seguramente habría elegido Parral y
Gaona. Con el tiempo convivimos por años, pasando más

tiempo entre nosotros que con nuestras familias pues hay momentos en que de las veinticuatro horas del día, quince o más las pasamos juntos entre teatros, filmaciones de películas, grabaciones en el Canal, y a veces las giras.

¡Oh, las giras! Si ustedes supieran. Se suceden una detrás de otra. Juntos pasamos por momentos inolvidables y de lo más variados: de gloria, de júbilo, de gran alegría, de gran tristeza, de éxitos clamorosos, de fracasos y hasta de peligros. Estando de gira en Perú, país al que amo profundamente, tenemos que viajar por el interior: Iquitos, Chiclayo, Piura, Trujillo y al final, Lima, la capital. Perú está pasando por un momento político difícil. El gobierno militar ha implantado el toque de queda, que dura desde las 12 de la noche hasta las 6 de la mañana del otro día. Durante ese tiempo, pobre del que sea sorprendido por las calles. Nosotros terminamos la actuación en el teatro a las doce menos veinte. Una noche nos retrasamos un poco. A la salida del teatro nos esperan los hijos de Chabuca Granda, famosa autora peruana de «La flor de la canela», para explicarnos que Chabuca no ha podido estar presente en la función porque no se siente bien. Al despedirnos, nos damos cuenta que en nuestros relojes son las doce menos diez. En seis minutos hacemos el recorrido que habitualmente nos toma quince. Al llegar a la puerta del hotel vemos que en la esquina dobla una tanqueta a toda velocidad. El chofer, Olmedo y yo nos bajamos corriendo y entramos en el hotel, a la par que la tanqueta estaciona frente a la puerta, enfilando su cañón hacia adentro. Olmedo, haciendo gala de un humor atrevido e irresponsable, le grita al oficial: «¡Para mí un café y para Lechón, un sándwich!» Risas dentro de la tanqueta. El oficial baja y nos pide un autógrafo, mientras

Alberto me dice: «¡Menos mal que nos conoció, porque a vos no te erra!»

Al otro día vamos a la Plaza de Toros de Lima invitados por el famoso torero César Girón. Llegamos media hora tarde. La Plaza de Acho está repleta de gente. Apenas salimos al tendido, se levantan los miles de espectadores aplaudiendo y gritando como jamás había visto y escuchado.

Olmedo (levantando los brazos, me dice): «¡Saludá! ¡Saludá!»

Yo (saludando): «Los aplausos son para el torero que acaba de salir».

Olmedo: «¡No importa! Vos seguí saludando».

La gente nos reconoce. Algunos nos preguntan:

Gente: «A ustedes, ¿les gustan los toros?»

Olmedo: «¡Cómo! ¿Esto no es fútbol?»

La faena de Girón transcurre entre aplausos y vítores de los aficionados. El Negro esta tarde está imposible de aguantar. Me contagia a mí también. Ambos hacemos comentarios en voz alta sobre la tauromaquia, tema que desconocemos por completo, lo que ya empieza a molestar a algunos entendidos en la materia que nos escuchan. En un momento dado, ante el silencio de la gente, el toro se queda inmóvil frente al torero. Este, dando muestras de su valentía, se acerca al toro y lo toca con la mano. Yo me levanto y grito:

Yo: «¡Penal!»

Algunos me chistan para que me calle. Otros me insultan. El Negro se levanta y, aparentando sentirse ofendido y simulando enojo, dice:

Olmedo: «¡Si mi amigo dice que es penal, es penal!»

El público nos empieza a gritar de todo. El Negro me dice:

Olmedo: «¡Vámonos, que nos matan!»

Estamos en Trujillo. Después de actuar para ocho mil personas, al otro día decidimos volver a Lima para lo cual contratamos un avión particular. El Negro le pregunta a nuestro representante si el avión es grande. Este nos dice que no sabe porque el que arregló el contrato del viaje fue el empresario teatral. El Negro, que nunca se sabe cuándo habla en serio y cuándo habla en broma, empieza a decir:

Olmedo: «¡Esto no puede ser! ¡Esto no puede ser!»

Representante: «¿Qué es lo que no puede ser?»

Olmedo: «Que nosotros, los dos cómicos más famosos de América tengamos que viajar en un avión sin saber la capacidad que tiene, si es nuevo, si es viejo, cuántos pilotos lo van a manejar, cuánto tiempo le van a poner, si el avión es a hélice, qué prepararon para el almuerzo, si el avión está asegurado... Porque nosotros no podemos arriesgarnos así como así. No podemos viajar a ciegas».

Representante: «Escúcheme, Olmedo. ¿Usted me está hablando en serio?»

Olmedo (adoptando actitud de ofendido): «¿Usted cree que estoy hablando en broma?» (Gritando). «¿Tengo cara de hablar en broma? No, señor. De ninguna manera. Esto es más serio de lo que usted supone». (Dirigiéndose a mí) «¡Vos, Gordo! Acordáte de lo que pasó con Gardel. ¿Y si nos caemos, igual que Carlitos?»

Yo: «¡Negro, dejáte de hablar estupideces!»

Olmedo (gritando cada vez más fuerte): «¡Cómo estupideces! ¡Cómo estupideces! Mirá si nos llegamos a caer de tres o cuatro mil metros. ¿Qué me decís si te llegás a romper una pierna o un brazo? ¿Qué le voy a decir a tu mamá?»

En ese momento llega el piloto del avión, un señor de unos sesenta años. Nos saluda:

Piloto: «Buenas tardes. Yo soy el piloto. Síganme, por favor». Mientras lo seguimos, el Negro empieza a hacer preguntas sobre el avión. Yo le digo que se calle la boca porque ya me está poniendo nervioso. Llegamos al avión. Es chico, para cuatro personas, tres pasajeros y el piloto.

Olmedo: «¿Cuántos años tiene?»

Piloto: «Unos diez años».

Olmedo: «No. El avión no. Usted».

Piloto: «¿Por qué quiere saberlo?

Olmedo: «No. Por nada».

Piloto: «Perdonen que tardé un poco, pero tuvimos que cambiarle la amortiguación de la rueda delantera».

Olmedo (en voz baja y en mi oído): «¿Cuánto sale un taxi de acá a Lima?»

Piloto: «Suban, señores, que en cinco minutos despegamos».

Olmedo: «¿Trajo escalera?»

Piloto: «¿Escalera? ¿Para qué?»

Olmedo: «No pretenderá que Lechón suba de un salto».

Piloto: «No se haga problemas. Nosotros lo ayudamos».

Yo todavía no sé cómo hice para subir al avión. Ya estamos los cuatro sentados. Adelante, el piloto y yo. Olmedo y el representante atrás, pegados a nuestras espaldas. Los cuatro vamos apretados dentro del pequeño avión. El piloto enciende los motores. El avión levanta vuelo. Son las dos y media de la tarde. El calor es inaguantable. A los diez minutos los cuatro estamos sudando como camellos.

Olmedo: «Señor piloto, ¿podría poner el aire acondicionado?»

Piloto: «No hay aire acondicionado».

Olmedo: «¡Empezamos mal, querido!»

Gran silencio.

Olmedo: «Por lo que veo, baño tampoco hay».

Piloto: «No. No hay».

Olmedo: «¿Y si al Gordito le dan ganas de hacer caca?»

Piloto: «Lo siento, pero se va a tener que aguantar».

Olmedo: «Sonaste, Gordito».

El día es claro y diáfano. El cielo, límpido. No podíamos tener un día mejor para volar. No sé a qué altura vamos pero abajo nuestro se ve claramente la playa que divide la costa del Mar Pacífico. Hasta que el piloto me pregunta:

Piloto: «Señor Porcel, usted que ve bien, ¿eso que tenemos al frente es una nube, no?»

Yo: «Me imagino que me lo estará preguntando en broma».

Piloto: «No, señor. Lo que pasa es que me olvidé los anteojos en mi casa y a veces no distingo bien las cosas».

Yo (para mis adentros): «¡Dios mío! ¿Dónde me metí?»

Olmedo (mirando para abajo): «¿Por qué no toma por el lado de la costa? Mire que el Gordo no sabe nadar».

Piloto (sonriendo): «No. No tenga miedo».

Olmedo: «¿Y hace mucho tiempo que es piloto?»

Piloto: «Un mes».

Olmedo: «O sea que piloto, lo que se dice piloto, no es».

Piloto: «No. La verdad es que no. Yo era empresario pero me fueron mal los negocios. Tuve que vender todo y con lo que me quedó compré este avión».

Olmedo: «Me parece que mañana salimos en la tapa de "Crónica"».

Yo, dándome vuelta, le tiro un trompazo.

Olmedo: «Con esa agresividad nunca vas a llegar a nada».

Al rato estamos entrando al aeropuerto de Lima.

Hace veinte días que estamos aquí. Esta noche debutamos en un teatro céntrico de Guayaquil. Llegamos al hotel que está frente a la bahía. Nos dan las habitaciones. Dejamos las maletas. El Negro Olmedo me llama por teléfono invitándome a tomar un café en su habitación. Golpeo a su puerta.

Me abre. Me siento al borde de la cama. El Negro me dice:

Olmedo (señalándome que todas las puertas de los placares y los closets están abiertas): «¡Mirá!»

Yo: «¿Las puertas están abiertas?»

Olmedo: «Sí».

Yo: «Cerrálas».

Olmedo: «No puedo».

Yo: «¿Ya empezamos otra vez? ¿Cómo que no podés?»

Olmedo: «¿Ah, sí? Fijáte bien».

Ante mi asombro, veo que cierra todas las puertas, una por una, y una por una se van abriendo.

Olmedo: «¿Qué me decís ahora? ¿Querés que te lo haga de nuevo?»

Olmedo cierra las puertas una por una y otra vez una por una se abren. Al ratito no más se apersona el gerente del hotel y nos dice:

Gerente: «¿Cómo están? ¿Necesitan algo? Si necesitan algo no tienen más que ordenarlo».

Olmedo: «Está todo bien. Tenemos, sin embargo, una pequeña duda... Fíjese. Por más que cerramos las puertas, se abren».

Gerente: «¿Saben lo que pasa? Ayer a la madrugada cedió el terreno donde está construido el hotel, por eso se abren las puertas. Pero no le digan nada a nadie porque la gente se puede asustar. ¿Algo más?»

Olmedo: (Tomando la valija) «Sí. ¿Nos pide un taxi?»

A la media hora estamos en otro hotel.

Esa noche debutamos en un teatro céntrico de Guayaquil. En una sala de mil butacas hay nada más que trescientas personas. ¿Qué ha pasado con nuestra fama y popularidad? Un poco tristes por la baja concurrencia, actuamos sin embargo como si el teatro estuviera lleno. Terminada la función nos cambiamos y al salir del teatro vemos que afuera nos están esperando más de mil personas que corean nuestros nombres con entusiasmo. A medida que pasan los minutos se reúne más gente, hasta el punto que nosotros no podemos salir. Llegan tres patrulleros de la policía para sacarnos del teatro. Le pregunto a una señora que está en la puerta:

Yo: «¿Por qué no entraron a ver la función si tanto nos quieren?» Señora: «Señor Porcel, todo el mundo en Guayaquil los queremos mucho. No nos perdemos ninguna de sus películas, pero no podemos pagar veinte dólares por la entrada. Es muy caro para nosotros. Por eso vinimos a esperarlos aquí. Por lo menos los vemos cuando salen».

Mientras nos metemos en el coche y nos alejamos lentamente, vemos a un pueblo que nos aplaude y nos da muestras de su amor que jamás olvidaremos. A la semana, nos vamos a la localidad de Quevedo, pero nuestro corazón ha quedado en Guayaquil.

Estamos en Caracas. Aquí nuestra popularidad es tan grande que nos invitan a la premiere de una de nuestras películas. Esa noche, el Negro y yo nos ponemos nuestros mejores atuendos porque después hay una fiesta ofrecida por el alcalde Diego Arria en la caballeriza del Simón Bolívar. Llegamos al cine. Es tanto el gentío agolpado en la puerta que no podemos entrar ni con la ayuda de la policía. Recién entramos a la media hora de comenzada la película, gracias a los oficios del administrador de la sala que consigue algunas sillas de la boletería y las pone para nosotros al final, al lado del pasillo.

Nuestro éxito es tal que al año siguiente estamos otra vez en Caracas haciendo al mismo tiempo cine, teatro y televisión. Durante tres meses dormimos cinco horas por día. Nos sentimos cansados, pero felices. Durante el día filmamos una película en la que trabajan Susana Jiménez y los actores venezolanos Jorge Palacios y el comediante Virgilio Galindo. Terminamos de filmar y nos vamos para el teatro. Y al finalizar la comedia, nos vamos a comer, casi siempre en el restaurante «El Padrino». Un día de descanso, Hugo Romani, nuestro representante en Venezuela y famoso cantante argentino de boleros nos dice que nos espera para cenar en la casa del autor Manolo Muñoz Rico. A las 8 de la noche, ya más descansados, abordamos un taxi que nos lleva a la casa de Muñoz, que está en el centro de Caracas, en el piso 22 de uno de los rascacielos más altos. Llegamos, y el dispositivo de seguridad es tan grande que en vez de un edificio de departamentos, pareciera que entramos al tesoro del Banco Central. Después de pasar tres puertas debidamente custodiadas, nos encontramos frente a los ascensores. Olmedo toca uno de los botones, diciéndome, «¡Qué lujo!» El ascensor se encontraba por el piso doce. Tenemos un hambre que ya no vemos. Esta noche, el loco parece tranquilo. Se abre la puerta del ascensor. En un rincón, sentado en una banqueta está un hombre de uniforme de seguridad armado con una escopeta calibre 16. Es fornido, con cara de pocos amigos, con una nariz enorme. Entramos al ascensor. El Negro lo mira y le dice:

Olmedo: «¿Qué hacés, Fidel?»

El tipo, mirándolo de reojo, le replica:

Guarda: «Yo no me llamo Fidel».

El Negro me codea señalándome una cámara filmadora que pende en uno de los rincones del ascensor, como otro elemento de seguridad.

Olmedo: «¿Qué están grabando?»

Yo (para mis adentros) «Se despertó el loco».

Olmedo (insiste): «Señor, ¿qué están grabando?»

Guarda: «No sé».

Olmedo: «¿Cómo que no sabe?... ¿Quién es el director de cámaras?»

Guarda: «¿Qué?»

Olmedo (dirigiéndose a mí): «Mirá como se hace el gil».

Yo: «Por favor, Negro, pará la máquina».

Guarda: «¿A qué piso van?»

Olmedo: «Antes, me tenés que decir qué están grabando, porque no me gustaría aparecer en cámara sin maquillarme. Y si no, fijáte en el Gordo. ¿Me querés decir con qué le disimulamos la papada?» (Mirando al lente de la cámara): «¡Rápido, que venga la maquilladora al estudio. A propósito, ¡qué estudio chiquito, si apenas cabemos los tres!»

Guarda: «¿Se puede saber a qué piso van?»

Yo: «Alberto, por favor, fijáte a qué piso vamos, que lo tenés anotado en el papel».

Olmedo: «¿Qué papel?»

Yo: «El que te dio Romani».

Olmedo: «¿Qué Romani?»

Yo: «No embromés más, que el señor se está enojando».

Se abre la puerta del otro ascensor y sale Romani. Nos ve por el espejo, y nos dice:

Romani: «¿Dónde se habían metido?»

Olmedo: «Estábamos acá, hablando con Fidel».

Romani: «Por favor, al piso 22».

Esta noche el loco está más loco que nunca. Comemos y bebemos copiosamente. Muñoz Rico es un personaje de lo más simpático. Entre recuerdos y anécdotas pasamos toda la noche. A las 5 y media de la mañana nos despedimos de Muñoz con un abrazo. Nos metemos en el ascensor. Cuando llegamos a la planta baja, el Negro repara en que el guarda no es el mismo. Es otro.

Olmedo: «¿Y Fidel?»

Guarda: «¿Qué Fidel?»

El Negro (dirigiéndose a mí): «Mirá como se hace el gil este tipo también».

Yo lo tomo de un brazo y lo saco a la calle. Tomamos un taxi y nos vamos al hotel a descansar, yo y el loco... perdón, el loco y yo.

Reaparece Alsogaray, creador de la frase «Hay que pasar el invierno». Sigue hablando por televisión. Sus gestos son cada vez más frecuentes. Antes tenía el 7 de Espadas; ahora tiene el 7 de Espadas y el As de Bastos.[1]

Entro a la farmacia. Voy directo a la balanza. Esta tiene un cartel que dice: «Esta balanza resiste un peso de hasta 120 kilos. Si usted pesa más de 120 kilos debe llamar al 701-6080». Esto me suena bastante extraño. ¿Qué significará ese número de teléfono? ¿Y si llamo para ver de qué se trata? No. No llamo nada y mejor me voy a una pizzería. Cuando salgo a la calle, siento que me chistan. Giro la cabeza a la izquierda y veo que un angelito está parado sobre mi hombro. Me dice al oído:

Angelito: «Querido Gordo: Entrá de nuevo a la farmacia y llamá a ese número de teléfono».

Yo: «¿Para qué?»

Angelito: «Llamá. Yo sé lo que te digo».

Doy media vuelta, y cuando voy a entrar de nuevo a la farmacia, siento que alguien me chista del otro lado. Giro la

---

1. El truco, que se juega con barajas españolas, es un entretenimiento que los artistas argentinos usaban mucho para «matar el tiempo» cuando no estaban actuando. La comunicación entre los compañeros de juego se hace por medio de gestos faciales que intentan pasar desapercibidos a los ojos de los rivales. Cada gesto representa una determinada carta del naipe. Un buen gesto de uno de los jugadores, captado adecuadamente por su compañero, puede dar como resultado la victoria en el juego.

cabeza a la derecha y sobre mi hombro veo a un extraño hombrecillo vestido de rojo, con cuernitos y un tridente en la mano. Me dice:

Hombrecillo: «¡No llamés por teléfono! ¡Vamos a la pizzería que yo te acompaño!»

Angelito: ¡NO! ¡No vayás! Yo sé lo que te digo. Entrá a la farmacia y llamá por teléfono».

Hombrecillo: «No le hagás caso. Vamos a la pizzería y nos comemos una pizza de jamón y morrones con una cerveza».

Angelito: «¡NO! «Atrás, baderretro. No lo escuchés».

Hombrecillo: «¡Vos! ¿Qué te tenés que meter?»

Angelito: «Yo me meto todo lo que quiero, ¿por qué? ¿Sos guapo vos?»

Hombrecillo: «Sí soy guapo ¿por qué? ¿Querés pelear?»

Yo: «¡Muchachos, no se peleen!»

Angelito: «¡Vos no te metás!»

Se saca las alas. Se ponen en guardia. Comienza la pelea. Los dos giran de un lado al otro estudiándose. El hombrecillo de rojo le tira 1, 2, 3, 4 trompadas. El angelito esquiva 1, 2, 3, 4 veces, y con un *uppercut* de derecha lo voltea al hombrecillo de rojo. La tribuna cuenta hasta cien. El angelito saluda a la popular con los brazos en alto. Se baja del ring y me dice:

Angelito: «¡Qué salsa le di al colorado! Entremos a la farmacia a hablar por teléfono».

Yo: «Pero es que no tengo monedas».

Angelito: «¡Basta de excusas! Yo te doy una moneda».

Disco el número 701-6080. Del otro lado de la línea se escucha una voz femenina que dice:

Voz: «Clínica Cormillot, buenos días».

Angelito (dirigiéndose a mí): «Pedí la dirección».

Yo anoto y nos vamos en un taxi para allá.

Al salir de la farmacia, la balanza, mientras se le cae una lágrima, dice: «¡La verdad es que lo voy a extrañar al Gordo!»

Dos voces se han ido para siempre. El primero, Nino Bravo, que en lo mejor de su carrera como cantante pierde la vida en un accidente automovilístico. Mucho tiempo después, John Lennon, al entrar a su casa un insano mental le arrebata la vida incomprensiblemente.

Un nuevo fantasma hace su aparición en la Argentina. Es la deuda externa. Argentina debe más dinero a la banca internacional que Europa después de la guerra. Y seguimos pidiendo prestado. Entre la deuda y los intereses la suma se torna una pesadilla constante. Argentina, el granero del mundo se ha transformado en el manguero[2] del mundo.

La negra Mercedes Sosa canta cada día mejor y Atahualpa Yupanqui triunfa con su arte en París, donde reside actualmente. Paul Bocuse revoluciona la cocina francesa y en todo el mundo aparecen sus recetas de cocina más rápidas y más sencillas.

Mi tía Carlota ya no toca el violín. Que en paz descanse. Ahora está tomando clases directamente con Paganini. ¡Qué lindo suena el violín, especialmente cuando lo toca Yehudi Menuhin, Jascha Heifetz, Zino Francescatti, y los argentinos Antonio Agri, Bardarito, Franccini, Simón Bajour, y el concertista Alberto Lizzi quien con su Guarnerius deleita a todo el público del mundo. Marta Minijín, la talentosa Marta, hace del arte un desquicio y del desquicio un arte. Nicolás García Uliburu le pone color al río Sena en París. Antonio Verdi con Juanito Laguna recorren los basurales de las villas de emergencia de la ciudad de Buenos Aires mostrando una triste realidad.

---

2. Manguero, pordiosero que se entremezcla con la gente en las grandes ciudades y que para llamar la atención y pedir dinero, les tira de la manga.

Salgo a la calle. Frente a mí pasa un cortejo fúnebre. Llorando desesperadas lo siguen miles de mujeres vestidas de negro. Coronas de flores y micrófonos rodean el ataúd. Pregunto a una mujer que llora sin cesar a mi lado:

Yo: «¿Quién murió, señora?»

Mujer: «¡El radioteatro!»

Yo: «¿Muerte natural?»

Mujer: «¡Homicidio. Lo mató la tevé!»

Yo inclino la cabeza y sigo mi camino.

La ciencia avanza cada vez más. El hombre construye, planifica, inventa, diagrama, experimenta con toda clase de elementos que a la larga algunas veces y a la corta otras, tienen efecto de bumerán en el ser humano. La cibernética, la tecnificación, la computación, el robotismo y otros «milagros» de la era moderna desplazan a millones de trabajadores, obreros, empleados, técnicos, ingenieros, químicos; en fin, la lista es interminable. Todo este avance termina por convertir al hombre de 40 años de edad en un anciano. Ha alcanzado la edad prohibida para desempeñar un trabajo y, peor todavía, para solicitarlo.

Sigo trabajando en el teatro de revistas, género artístico sencillamente maravilloso que hicieran famoso autores como Romero, Botta, Bronemberg y el zar de la revista porteña, Julio Artagnan Petit, quien reina por más de veinte años en ese género tan difícil.

De la pícara simpatía de sus comienzos, los textos pasan paulatinamente a la doble intención, y de la doble intención al tono verde, y del tono verde al verde oscuro. Los teatros de revista siguen siendo el gran negocio. Con Gerardo Sofovich hacemos una revista que bate todos los récords en la historia del teatro argentino. Los textos, la producción, el decorado, la música y el vestuario se realzan con la presencia de la vedette Nélida Roca, toda una institución, y la debutante y muy popular Susana Jiménez. Las colas para sacar entrada son de cerca de una cuadra, y a veces más. Todas las noches sucede lo mismo. La policía tiene que intervenir pues las entradas se agotan en minutos. Algunos pagan hasta el triple de su valor por ver el espectáculo ya sea de pie o sentados en el suelo. Y así sucedería durante años con la monumental Moria Casán, y las esculturales Ethel y Gogó Rojo. Gerardo Sofovich, hombre culto y elegante, super inteligente y super difícil a la vez, talentoso y gran conocedor de lo que el público desea es el nuevo zar del espectáculo. Sus éxitos de teatro, cine y tevé lo convierten en un monopolista de éxitos y premios, haciendo de él el hombre más disputado por canales de televisión, teatro y cine. El «ruso» es el director técnico ideal de un seleccionado que le responde y gana por goleada todos los partidos. En los cines, el récord de público es impresionante. Nuestras películas se dan, al mismo tiempo, en la capital y en el interior del país en cientos de salas. En toda América pasa lo mismo. En la ciudad de Lima, nuestra primer película, «Los caballeros de la cama redonda» está seis meses en cartel a sala llena. Lo mismo sucede en Montevideo, Santiago de Chile, La Paz, Guayaquil, Caracas, etc. etc.

Alberto Irizar, Ernesto Bianco, Fidel Pintos se van para siempre a encontrarse con Crespi y Tono Andreu en un bar donde los camareros tienen alas. Desde acá abajo se escuchan las risas. ¡Cómo los vamos a extrañar a todos!

Después de muchos años de trabajar juntos, me «desrruso» por completo, logrando gran éxito mi programa «Porcelandia» que luego se llamará «Porcelísimo». En teatro y cine paso a trabajar bajo la dirección de Hugo Sofovich, el ruso chico, o sea, que de Siberia paso a Kiev. El ruso chico, hermano del ruso grande, es otro triunfador. Con él hacemos películas memorables, como «Las mujeres son cosa de guapos», «Un trío peculiar» y «Custodio de señoras»; y en teatro, «No rompan las olas», en la ciudad de Mar del Plata, logrando un éxito espectacular.

Un nombre empieza a llenar de júbilo los corazones de los hinchas del fútbol, logrando rápidamente una popularidad impresionante. Su nombre, MARADONA. Hace con la pelota lo que él quiere, ejerciendo sobre esta un dominio nunca visto antes. Este pequeño gigante del fútbol, con la habilidad de un malabarista hace de este deporte una escuela de preciosismo y destreza, transformándose con los años en Maradona I, rey del fútbol.

Llego en taxi a la puerta de la Clínica Cormillot. Después de pagar el viaje me encamino hacia la entrada. El taxi no se va. El chofer me mira como si yo fuera a arrepentirme. ¿Qué hago? ¿Entro o no entro? El angelito me susurra al oído:

Angelito: «¡Entrá, que te conviene! Yo sé lo que te digo».

Entro. Me hago anunciar. La recepcionista me toma los datos y me invita a sentarme en el salón de espera. Hay como diez personas antes que yo. Todas gordas. Sus caras reflejan la fatiga que da el fracaso, resultado de las sucesivas intentonas por bajar de peso. En pocos minutos me están sacando sangre y haciéndome otros estudios.

Entra el doctor Cormillot, director de la Clínica. Me pide que lo acompañe a su consultorio. Después de los saludos de práctica, chistes van chistes vienen, me dice con tono familiar pero afectuoso:

Dr. Cormillot: «¿Sabés cuánto hace que te estoy esperando?»

Así nace una relación que será más que de paciente a médico. Alberto Cormillot será con el tiempo uno de mis mejores amigos. Pese a su juventud, es un perito en obesidad, enfermedad que en forma alarmante viene tomando cuerpo dentro de la población mundial. Las estadísticas de muerte por causa de la gordura son año tras año más altas. Con un equipo completo de médicos especialistas en la materia empiezan a darme las primeras armas para lo que será una larga lucha. Yo pertenezco a un grupo de hiperobesos. Así se denomina a los que pasan de las tres cifras en su peso. Los hay de 100, 120, 140, 180 y hasta de 200 kilos. En grupos de apoyo sicoterapéuticos cada uno de nosotros empieza sus romances con los hidratos de carbono; o sea, pan, papas, pizzas, pastas, chocolate, cremas, helados, tortas, masas, frituras, galletitas, queso, manteca, mayonesa, salami, chorizos, sándwiches, bombones, licores, cerveza, vino, gaseosas con azúcar; en fin; Oscar Wilde tenía razón cuando dijo: «Todo lo rico o está prohibido, o es pecado, o engorda».

Estos grupos de apoyo siempre son liderados por un médico experto en la materia. Ahí escucho historias que van desde lo gracioso a lo trágico. Algunos cuentan sus verdades y problemas. Los hay de todas clases. Casi todos son de orden emocional, orignados por la falta de afecto, por la soledad, las incomprensiones y otras enfermedades del alma. El clima es de respeto. A medida que va pasando el tiempo vamos dando rienda suelta a nuestros conflictos, a la vez que otros permanecen en total silencio. No es nada de fácil enfrentarnos con la realidad de nuestras vidas. He visto a hombres y mujeres llorar como niños, a jovencitas contar cómo nunca han podido ir a la playa o a una piscina por el temor a las miradas y comentarios burlones.

Nos pesan dos veces por semana. Cada kilo que bajamos es seguido por una salva de aplausos y gritos de júbilo. El grupo está más unido que nunca. Una especie de amor fraternal nos acerca más los unos a los otros. A los pocos meses todos hemos bajado de peso. Cual más, cual menos. Los que han bajado más son los que han seguido las indicaciones paso a paso. Los que han cometido alguna contravención durante el fin de semana son los que han bajado menos.

Ya tenemos en nuestro poder la receta preparada por las dietistas expertas en nutrición especialmente para cada uno de nosotros. Hemos comenzado la guerra contra los kilos. Según nuestro comportamiento frente a la comida, la balanza se convertirá en nuestra amiga o en nuestra enemiga. Aparte de los hidratos de carbono, nuestros peores enemigos son tener el refrigerador cargado de alimentos indebidos y el ir a fiestas donde se consume comida o bebidas de todo tipo sin estar preparados. Los cumpleaños, casamientos y otros eventos por el estilo se convierten en una tortura pues ante la negativa del obeso a comer de lo que le ofrecen, entonces nos insistirán, diciéndonos: «¿Ah, estás a dieta? ¡La verdad es que no se te nota para nada! ¡Comé una macita, total, una qué te va a hacer!» Y uno se pone el casco de guerra y empieza por una macita y termina comiéndose todo como si lo fueran a fusilar a las seis de la mañana. Resultado: Uno termina lleno de comida y lleno de culpa. Otra vez a empezar, a enfrentarse con el grupo, con el médico y después con la balanza. No es para nada una tarea fácil. El peligro está latente, vayamos por donde vayamos. Pizzerías, restaurantes, panaderías, confiterías y demás lugares prohibidos para nosotros lucen en sus escaparates toda clase de cosas vedadas. Si uno baja poco, le dicen: «Ché, estás a dieta pero no bajaste nada». O si baja mucho, le dicen: «¿Qué te pasa? ¿Estás enfermo?» Así pasan meses. Bajo tres kilos, subo dos; bajo cinco, subo cuatro. Me duelen las piernas de soportar tanto peso acumulado en tantos años de libertinaje gastronómico. Tengo presión alta, duermo mal pues debido a mi obesidad tengo que usar dos y tres almohadas. Me levanto más cansado que cuando me acuesto. Camino un poco y me fatigo. Ya no se puede vivir así. Me interno en la clínica. Solamente me dejan salir para trabajar en el teatro, pero cuando termina la función tengo que volver a la clínica. Así bajo hasta cuarenta y dos kilos en dos meses y dieciocho días. Mi alimentación es muy estricta pero no me importa. La primer batalla ya está ganada.

Al poco tiempo me voy de gira: Asunción, Montevideo,

Santa Cruz de la Sierra. Por dondequiera que voy, mañana, tarde y noche escucho la obra que escribieran Félix Luna y Ariel Ramírez, «Alfonsina y el mar»; y de Alberto Cortés, «Cuando un amigo se va». Dos joyas musicales infaltables en el repertorio de los cantantes más famosos de América.

Vuelven las Olimpiadas. Compro todos los diarios para ver si algún argentino resulta ganador en alguna especialidad deportiva en la que participamos. Con tristeza veo que la mayoría de los atletas de nuestro país son eliminados en la primera ronda, dejándonos sin chance. Me pregunto: ¿Cómo, un país como Argentina, con treinta millones de habitantes, puede ganar solo una medalla? ¿Dónde están los sucesores de Rafael Iglesias, los hermanos Giache, Clodomiro Cortoni, Ricardo Bralo, Humberto Selvetti, Jorge Batiz, Félix y Julio Galini, Capozzo y Guerrero, el coronel Delía, Eduardo Monasich, Alfredo Yantorno, Pedro Galvao, Ana María Schulz, Nicolao, Enrique Kistenmacher, Noemí Simonetto, Diego Pojmaevich, Ingeborg Pföller, Ingeborg Mello de Preiss, Osvaldo Suárez, Zavalita, Delfor Cabrera, Jorge Luis Chávez, los hermanos Vilar Castecx y otros tantos nombres que ahora no recuerdo y que pusieron en alto nuestra bandera? ¿Qué ha pasado con nuestra juventud? ¿Qué la distrae? ¿En qué cosas nuestros jóvenes ocupan sus mentes y sus ratos libres?

Guillermo Vilas, con sus triunfos, se convierte en el más grande jugador de la historia del tenis argentino y en uno de los más grandes del mundo, llenándonos de orgullo. Más tarde, una niña de 14 años, alta, bonita, con una fuerza y un corazón que solo tienen los grandes, llegará a ser la más brillante jugadora de tenis de Argentina y una de las más importantes del mundo. Su nombre, Gabriela Sabatini.

Una nueva tendencia musical modifica los gustos de gran parte de la juventud argentina. Es el *rock* nacional. De todos, el que más me gusta es el veterano Manal, y sus temas, *«Jugo de tomate frío»* y *«Avellaneda blues»*. Otros temas que me gustan son, *«La balsa»* y *«Muchacha ojos de papel»*.

Nos vamos de gira con el Negro Olmedo a los Estados Unidos. Llegamos a Nueva York. ¡Hace un frío! Con nuestra compañía de teatro de revistas paramos en el Hotel Doral, en pleno corazón de Manhattan. Pepe Parada, nuestro apoderado, viene corriendo a la habitación a decirnos que el teatro de 1.600 butacas está todo vendido. No queda un boleto más. Con el Negro y Pepe Parada nos vamos a ensayar al teatro. Llegamos a las de las dos de la tarde, ensayamos hasta las seis. El empresario nos dice que tenemos una hora y media para comer. Vamos a una pizzería de la esquina. Entramos, nos sentamos y en eso viene un negro grandote que nos saluda.

Negro: *«¡Hello!»*

Pepe Parada: *«Okay, mister. Me mangiare... Okay? Mangiare!»*

Negro: *«What?»*

Pepe Parada: *«Mister Porcel, mister Olmed e io mangiare pizza, okay? My friends are very famous».*

Negro: *«What?»*

Olmedo: *«¡Queremos comer pizza!»*

Negro: *«¿Por qué no empezaste por ahí, chico? Yo soy cubano, mulato».*

A las nueve comienza la primer función. Desde los camerinos oímos los aplausos con que la gente recibe a Montecristo, un cómico colombiano muy festejado por el público. Después de un número musical realizado por Guadalupe nuestra vedette, salimos nosotros. Apenas pisamos el escenario, el teatro se viene abajo por los aplausos y gritos de la gente. El Negro y yo saludamos. La gente sigue aplaudiendo. Comenzamos el *sketch* en medio de las risas del público. El espectáculo, en vez de durar dos horas, dura casi tres. Terminado el *show*, la gente se sube arriba del escenario para saludarnos, cada uno con una cámara fotográfica en la mano. Mientras nos sacamos cientos de fotos con argentinos, uruguayos, peruanos, chilenos, y de otras nacionalidades, nos damos cuenta del hambre que tiene esta gente de espectáculos en español. Mientras nos saludan, nos dicen: «¡Gracias, muchas gracias por haber venido. Esta noche no la olvidaremos nunca!»

¡Nosotros tampoco!

A la semana debutamos en un teatro céntrico de Nueva Jersey. El frío es impresionante. Hay dos grados sobre cero. La ciudad se ve gris. No hay un alma en las calles. Entramos al teatro, y al pasar por la boletería, el Negro pregunta al boletero:

Olmedo: «¿Cómo va la venta?»

Boletero: «Con el frío que hace no creo que vengan más de trescientas personas, si vienen».

Entramos a los camerinos. La amplitud y el confort nos llenan los ojos. El empresario nos dice: «Si quieren descansar, aquí tienen un departamento privado». Y abriendo una puerta, nos muestra un dormitorio y una sala amoblados con muy buen gusto. ¡Estamos en un teatro de verdad! La calefacción es casi insoportable. Diez minutos antes, Pepe Parada viene con la gran noticia: ¡Hay más de ochocientas localidades vendidas! Es un teatro grande, tan grande que cuando salimos al escenario los ochocientos espectadores parecen cuatro. La sala tiene capacidad para cinco mil. Termina la función. Otra vez las fotos y el afecto de la gente. Nos metemos en el auto corriendo, pues afuera la temperatura está bajo cero.

Vamos a comer a un restaurante llamado «Los horneros»,

propiedad de Burt Lancaster. Entramos. Nos encontramos con toda clase de argentinos: de Mendoza, de Santiago del Estero, de Córdoba, de Buenos Aires. Nos sentamos a una gran mesa. El camarero nos dice que ya viene el señor Lancaster. En eso aparece un morocho simpático que habla con acento argentino. Nos saluda afectuosamente. Es Burt Lancaster. El Negro Olmedo le pregunta:

Olmedo: «¿Por qué te dicen Burt Lancaster?»

El dueño del restaurante: «Porque me llamo Burt Lancaster».

Olmedo: «¿Cómo que te llamás Burt Lancaster?»

La cosa es simple: Este buen hombre es ciudadano americano. En Estados Unidos cuando uno se nacionaliza le dan la opción de cambiarse de nombre, y él había elegido el de Burt Lancaster.

Esa noche comimos como locos. Mientras yo voy por el tercer plato de *fetuccini*, el Negro Olmedo me pregunta en voz baja:

Olmedo: «¿Y Cormillot?»

Yo: «¿Quién es Cormillot? No conozco a ningún Cormillot».

Terminamos a las seis de la mañana. Los *fetuccini* y el vino nos salen por las orejas. Otra vez a Nueva York. ¡Mama mia, qué frío!

Ha pasado una semana. Estamos en Miami. Debutamos en el Guzmán Center, en pleno *downtown*. El teatro está lleno de punta a punta. Antes de comenzar, Pepe Parada nos dice que hagamos algún chiste dedicado a los cubanos pues la mayoría de los espectadores son de la tierra de José Martí. Yo, apelando a mi buena memoria, apenas salgo al escenario, grito: «*¡Qué volá, asere monina mi cúmbila*».

El teatro se viene abajo. Se caen las paredes. Se mueve el techo. Los cubanos no se la esperaban. Para qué contarles lo que fue el resto del espectáculo. Terminada la función, vamos al restaurante Versalles, que queda en la Calle 8, en plena Pequeña Habana. Comemos arroz con frijoles, con plátano maduro, croquetas de jamón, caldo gallego. Otros, arroz con pollo a la chorrera. En un ambiente tan habanero, lo único que nos falta es la guayabera y el tabaco.

A la semana, estamos con mi hermano Tito en París. ¡Qué frío, Dios mío! Apenas bajamos del avión, vamos a buscar un taxi. Llegamos al hotel Mont Tabor, a dos cuadras de Rue Castiglione y a tres de Saint Honoré. No hemos hecho las reservaciones, pero nos han dicho que preguntemos por Jean Balí Halie, alias Juancito, que nos solucionará cualquier problema que tengamos en París.

Nos atiende una recepcionista. Nos saluda en francés y yo, con la cara de fierro que Dios me dio, le digo en francés:

Yo: *«Jé poudré parlais avec monsieur Juancito?»*

Un señor joven, muy bien vestido, nos dice desde atrás del mostrador:

Señor: «¡Ya estoy con ustedes, muchachos!»

¡Qué papelón! Se acerca Juancito y nos dice:

Juancito: «¿Necesitan habitación? ¿Quién los manda? Tengo una que se las preparo en media hora».

Yo, extrañado, le pregunto cómo es que habla tan bien el español y con acento argentino. Me explica que el ochenta y cinco por ciento de los clientes que atiende desde hace veinte años son argentinos.

A la media hora, Juancito nos lleva al último piso. Con la llave maestra abre la habitación. Nos pregunta si nos gusta. Miro hacia adentro y veo a dos tipos durmiendo cada uno en una cama.

Yo: «¿Y estos?»

Juancito: «Dentro de diez minutos los sacamos. Qué digo diez minutos. ¡Ya mismo! ¡Arriba, arriba, vamos muchachos, arriba!»

Los dos tipos (despertándose): «¿Qué hora es?»

Juancito: «Son las once de la mañana».

Los tipos: «Pero si el avión sale a las cuatro».

Juancito: «No importa. Arriba, vamos. A hacer gimnasia».

Uno de los tipos, restregándose los ojos, me mira.

El tipo: «Porcel, ¿qué hacés acá?»

El otro tipo: «¡Qué va a ser Porcel!»

Juancito: «Sí es Porcel, y necesita la habitación urgente».

En diez minutos los dos tipos están abajo y nosotros estamos durmiendo la siesta hasta las cinco de la tarde. A las seis en punto bajamos al vestíbulo del hotel. ¿Con quién nos encontramos? Con Enrique Pinti que está mirando televisión. Nos saludamos y le pregunto qué está viendo.

Pinti: «Estoy viendo una producción de la televisión francesa que me tiene azorado. Sentáte a mi lado y no te la pierdas».

Miro la pantalla y veo a un viejito jardinero agachado durante diez minutos mientras el locutor habla en francés.

Yo (dirigiéndome a Pinti): «¿Qué es lo que estamos viendo?»

Pinti: «Lo mejor que dan a esta hora, cómo cambian los almácigos del jardín real».

Yo: «¿Y eso mirás?»

Pinti: «¡Imagináte lo que serán los programas de los otros canales si este es el más divertido!»

A la noche, Juancito nos ha reservado mesa en un centro de espectáculos nocturno de París.

Al pasar por un café, veo a un tipo con impermeable y sombrero que fuma pacientemente. Es Humphrey Bogart.

Yo: «¡Humphrey! Perdonáme que te moleste».

Humphrey: «¿Qué hacés, Porcel?»

Yo: «Acá estoy, paseando con mi hermano. ¿Y vos qué hacés?»

Humphrey (mirando a todos lados): «Espero a Ingrid Bergman. ¡Gordo, mejor andáte que está por caer la Gestapo!»

No me había dado cuenta que sin querer me había metido en la película Casablanca.

Son las diez de la noche. Terminamos de cenar. Vemos el espectáculo. Mientras pasan los cantantes y bailarinas, cómicos y magos, yo me digo para mis adentros: «¡Qué buenos son nuestros espectáculos en Buenos Aires!»

Finalizado el *show*, salimos a la calle, tomamos un taxi y volvemos al hotel. Juancito ya no está. A pesar de la siesta, dormimos hasta las once y media de la mañana. Abajo nos volvemos a encontrar con Enrique Pinti. Lo invitamos a almorzar a un *bistrot*. Está justo enfrente del hotel. Entramos. Nos sentamos en la única mesa que está vacía, empezamos a leer el menú y antes que el camarero llegue para tomar el pedido, yo les digo:

Yo: «Por favor, déjenme a mí».

El camarero pregunta en francés qué vamos a ordenar.

Yo: «*¿Ché voulé mangé poison pané?*»

Los demás comensales paran de comer y me miran.

Yo (mirándolos a todos): «¿Qué pasa?»

El *maitre* se acerca y me dice:

Maitre: «Lo que pasa es que usted acaba de pedir veneno».

Yo: «¿Cómo que veneno? ¿*Poison* no significa pescado?»

Maitre: «*Paxon* es pescado, señor, pero *poison* es veneno. Y usted acaba de pedir veneno empanizado. Ustedes son argentinos, ¿no es así? Pues, les voy a traer, para empezar, una tabla de queso y un potaje de verduras y chorizos».

Son las tres de la tarde y todavía estamos comiendo.

Nos recorrimos todo París. Cuando paso por el café donde me había encontrado con Humphrey Bogart, a una distancia de unos diez metros veo a Peter Lorre espiando. Yo me digo para mis adentros:

Yo: «Mejor no me meto; no vaya a ser cosa que me confunda con Sidney Greenstreet».

¡Qué caro es todo en París! ¡Qué antipáticos son los choferes de taxi! ¡Al chofer que lo agarran riendo lo echan del gremio!

Hoy no hace tanto frío. Es un día de sol radiante. Nos lanzamos a caminar por las mismas calles en que caminara Maurice Chevalier, Joséphine Baker y Toulousse-Lautrec. Sus calles, edificios, puertas y ventanas me son muy familiares. Sus veredas llenas de árboles y sus cafés también lo son, dándome la impresión de haber estado anteriormente en la Ciudad Luz. ¿Qué pasa? Muy simple. Muchas calles de Buenos Aires, con sus edificios y sus cúpulas fueron diseñadas y construidas por artesanos franceses.

Han pasado unos días. Estamos en Roma. En el aeropuerto Fiumiccino, mi hermano y yo nos desplazamos por el *hall* con nuestro equipaje. Juancito nos ha hecho reservaciones en el Hotel Madrid, donde pagaríamos cuarenta dólares por día. Uno a uno se van acercando los taximetristas, preguntando a dónde vamos. Cuando les decimos el nombre del hotel nos piden cuarenta y cinco mil liras. Nosotros decimos que es demasiado. Otro nos pide cuarenta mil. Decimos que no. Aparece otro y nos pide treinta y cinco mil y así sucesivamente, hasta que al final enganchamos uno por quince mil (¿rápidos los muchachos, eh?)

Llegamos al hotel. Ni cartel tiene. Con razón cobran cuarenta dólares por día. No es ni de tercera ni de cuarta. ¡Es de séptima categoría! El vestíbulo mide 4x5 metros, y tiene únicamente un sofá y un sillón. Nos llevan a la habitación. Es oscura, con una ventanita arriba. Nos falta la puerta de rejas para sentirnos en la cárcel. Pero, eso sí, estamos a una cuadra y media de Plaza España que he visto en tantas películas. Salimos a la calle. Pasamos por una esquina. Desde adentro de un negocio se escucha la voz de Iva Zannichi. Más adelante llegamos a la via Condotti, un lugar de calles estrechas donde están los negocios de ropa más famosa y más cara de Italia: Nina Ricci, Missone Pancaldi, La Cigogna, etc.

A la noche aparecemos frente a la Fontana de Trevi llena de turistas. A una cuadra está el restaurante La Tavola Calda. Entramos. Un acordeonista toca Arrivederci. ¡Qué diferencia con París! Ahora estamos en casa. La tierra donde había nacido mi mamá. Cantamos y comimos, mejor dicho, ellos cantaron y yo comí.

Después nos vamos a la esquina frente a la Fontana de Trevi donde hay una cafetería muy famosa en toda Roma y en la que todas las noches tomamos café con *sfogliatelli con zambucca que te la voglio dire.* ¡*Mama mia!* Al otro día decidimos ir al *Coliseo al trastevere* a comer *pizza a capricciozza* con vino *chianti* o *rosatello Ruffino.* ¡*Qué bella la Italia!*

Como todas las noches, terminamos en la cafetería frente a la Fontana. Regresamos en un taxi que siempre hace el mismo recorrido. Nos sale todas las noches lo mismo: dos mil liras. Una noche, al salir de la cafetería, llueve intensamente. Como siempre, tomamos un taxi. En vez de dos mil, el taximetrista nos quiere cobrar cuatro mil.

Yo: «¿Por qué me quiere cobrar cuatro mil liras si yo todas las noches hago el mismo recorrido y me cobran dos mil?»

Taximetrista: «¿Y la lluvia?»

Me quiere cobrar por trabajo insalubre y peligroso.

Al otro día nos embarcamos para Buenos Aires, pues nos espera una gira de aproximadamente un mes y medio por Australia.

Estoy sentado frente a mi amigo, el doctor Cormillot:

Doctor Cormillot: «¿Cómo te fue en el viaje?»

Yo: «Muy bien, gracias a Dios».

Doctor Cormillot: «¿Así es que te fue bien, eh?»

Yo: «¡Sí, verdaderamente no me puedo quejar!»

Doctor Cormillot: «¿Y con la comida?»

Yo: «¡Más o menos!»

Doctor Cormillot: «¿Más? o ¿Menos?»

Yo: «Más».

Doctor Cormillot: «¿Tuviste muchas recaídas?»

Yo: «¿Si tuve recaídas? ¡Me lo pasé en el suelo!»

Doctor Cormillot: «Vamos a pesarnos».

Yo: «¿Los dos juntos?»

Doctor Cormillot: «Vamos, vení».

Me subo a la balanza. No quiero mirar.

Doctor Cormillot: «Subiste seis kilos».

Yo: «Bueno, no es para tanto».

Doctor Cormillot: «Mi querido Jorge: Tenés que bajar de peso, sí o sí. Tenés que mejorar tu calidad de vida, por lo menos prepararte para cuando seas mayor porque si no, te va a costar el triple de trabajo. Este sube y baja de peso no es saludable para nadie».

Yo: «No sabe lo que me cuesta mantener una línea de conducta. Cuatro o cinco días lo hago bien, pero el fin de semana caigo irremediablemente».

Doctor Cormillot: «Para eso estamos nosotros, para ayudarte».

Yo: «Gracias, Alberto».

Al otro día estoy viajando para Santiago de Chile. La camarera del avión me trae la comida. La miro, la estudio, y como lo permitido. Llego a Santiago. Eduardo Ravani, productor y director del programa «Japening con Ja» me espera en el aeropuerto. Me aloja en el hotel Sheraton San Cristóbal. Dejo las maletas y nos vamos para el canal. Grabaré dos espectaculares en el *show* de la primera figura chilena, la señora Gloria Benavides. Allí me encuentro con mi gran amigo Coco Legrand, excelente comediante chileno. Hacemos tres parodias musicales escritas por el actor y libretista Jorge Pedreros con la gran orquesta de Horacio Saavedra. La producción es de primera, los decorados y el vestuario están realizados con calidad y buen gusto por los artesanos de Televisión Nacional. Todo se desarrolla dentro de un clima de afectuosa amistad, respeto y gran profesionalismo. Pasan los minutos. Entre risas y aplausos trabajamos hasta altas horas de la noche. Terminada la grabación, vamos a comer a un restaurante donde la especialidad son los mariscos. ¡Qué noche, mama mía! ¡Qué homenaje le hacemos a Cousiño Macul, a Don Canepa, a Santa Rita, y a Santa Helena con H! ¡Casi terminamos ahogados en corchos!

Un camarero se acerca y me dice:

Camarero: «De Buenos Aires tiene una llamada telefónica, señor».

Yo: «¿Quién es?»

Camarero: «Dice que es un tal doctor Cormillot, señor».

Yo: «Dígale que no estoy».

Y me voy cantando y bailando una cueca:

Allavallavá, allavallavá, allavallavá
No le aflojís, capataz
Toro, toro, toro
Dale no más.

Al otro día estamos grabando en el mismo estudio. Charlando y cambiando bromas con los técnicos, uno de ellos me
pregunta si conozco Viña del Mar. Le digo que no pero que
me gustaría conocerla. Coco Legrand, que está escuchando,
me dice que el fin de semana me va a llevar a conocer Valparaíso y Viña del Mar.

El sábado a las nueve de la mañana está con su esposa en la
puerta del hotel esperándonos. Bajamos, nos montamos en la
camioneta y las dos familias nos vamos rumbo a Valparaíso.
El viaje hasta Viña del Mar es de lo más entretenido. ¡Estoy en
el corazón de Chile! A cada paso que damos, descubrimos
nuevos paisajes, uno más lindo que otro. Sus cerros coloridos
son un regalo para la vista.

Llegamos a Viña del Mar, ciudad veraniega preferida por
muchos argentinos, especialmente los que viven en Mendoza.
Mientras nuestras mujeres conversan entretenidamente,
nosotros recorremos la playa bañada por las aguas del Océano
Pacífico. Es un día hermoso de sol. Es la una de la tarde.

Legrand: «Ustedes, ¿a qué hora acostumbran comer?»

Yo: «Yo, a toda hora».

Legrand: «Entonces, vamos a ir a un lugar de un amigo que
te va a gustar mucho; además, le vas a dar el gusto que te
conozca porque es gran admirador tuyo».

Se ha nublado. La temperatura ha bajado cinco o seis
grados. Llegamos a un restaurante construido todo de madera
por dentro, decorado con muy buen gusto. Parece que

estamos en una casa de campo. Por los ventanales vemos cómo el agua en grandes olas se estrella contra las rocas donde está asentado el restaurante. Es uno de los lugares más lindos que he visto en mi estada en Chile. Coco Legrand me presenta al dueño, un señor muy simpático y que, efectivamente, se alegra al verme.

Dueño: «¡Pero qué sorpresa más grata oh! ¡Dame un abrazo, Porcel! ¡Qué alegría de tenerte en mi casa, viejo! Yo no me pierdo ninguna de tus películas... Vengan, siéntense en esta mesa, al lado de la ventana».

Es uno de los almuerzos más lindos de mi vida, en compañía del matrimonio Legrand y su amigo, el dueño de ese lugar hermoso y acogedor. Entre locos, machas a la parmesana y otros platos típicos chilenos nos despedimos de nuestro anfitrión.

A las cuatro de la tarde nos vamos al puerto de Valparaíso. Al bajar de la camioneta toda la gente nos saluda con cariño. Nuestras mujeres siguen conversando animadamente. Subimos a la camioneta y volvemos a Santiago. Son casi las seis y media de la tarde cuando, en la mitad del camino, Coco Legrand me pregunta si alguna vez he comido empanadas chilenas. Al contestarle que no, para en la puerta de una gran ostería de nombre «Los hornitos». Desde afuera se escucha a un trío de huasos que canta «Mata de arrayán florido», tonada bastante de moda por esa época. Apenas entramos, el dueño del local enfila derechito hacia donde está Coco.

Legrand: «¡Mira a quién te traigo!»

Dueño (mirándome con ojos de incredulidad): «¿Que no es el Porcel? ¡Pero si es el Gordo ...ón! ¡Puchas, Guatón, qué alegría de verte! ¡No sabís cuánto deseaba vivir este momentoón!»

Sigue expresando su alegría, para terminar diciendo «Gracias por venir, Guatón» y otras cosas terminadas en ón.

Nos sentamos y Coco pide empanadas de carne. Trae una jarra de borgoña y una bandeja con empanadas que por el tamaño más que empanadas parecen portafolios. A las dos horas de estar comiendo y bebiendo ya me quiero hacer ciudadano chileno. Es una noche inolvidable. La despedida resulta más que emotiva. Llegamos al hotel. Cansados pero con el corazón lleno de felicidad. Nos despedimos de Coco y su encantadora esposa. Mientras vamos para el cuarto, pensamos: ¡Qué lindo es Coco Legrand! ¡Qué linda es su esposa! ¡Qué lindos sus amigos! ¡Qué lindo es Chile!

Al día siguiente abordamos el avión de Lan Chile. Tras varias horas de vuelo hacemos escala de hora y media en Isla de Pascua. Apenas bajamos del avión, el capitán de la base viene a mi encuentro, me saluda y me entrega un obsequio que los nativos han preparado para nosotros. Un conjunto de isleños ataviados como hawaianos, pues pertenecen a una sucesión de islas de la Polinesia, nos ofrece más regalos y canciones además de collares de flores. Yo le pregunto al capitán por qué los nativos me hacen tantos regalos y homenajes, y él me dice:

Capitán: «Sencillamente, Jorge, porque lo quieren y lo admiran por sus películas».

Yo: «¿Hasta acá llegan?»

Capitán: «Hasta acá, amigo mío».

Mi asombro es total. El capitán nos invita a subir a su jeep. Nos lleva en un viaje de 15 ó 20 minutos a ver los *mohai*, monumentos hechos de piedra, de varias toneladas de peso, que vaya a saber uno quién los hizo, cómo, cuándo y por qué. Están todos en fila mirando a un punto en el horizonte, allá lejos, en el mar. Al rato subimos al avión rumbo a Numea, otra isla del Pacífico.

Hacemos allí una escala de cuarenta y cinco minutos apenas como para comprar algunas chucherías en el aeropuerto. Subimos otra vez al avión, esta vez rumbo a Tahití. A los diez minutos de haber reanudado el vuelo, uno de los pilotos del avión sale de la cabina, viene hacia donde estoy yo, y se inclina para decirme al oído:

Piloto: «Recién donde estuvimos haciendo escala, tras un intenso tiroteo, tomaron el aeropuerto. ¡De la que nos escapamos! Cuando tenga más noticias vengo y le cuento».

Nos habíamos salvado por escasos minutos de estar en el medio de un levantamiento popular. Antes de llegar a Tahití le pido al piloto que averigüe si adonde vamos está todo normal. Él, sonriendo, me dice: «¡No hay ningún problema!»

Llegamos a Tahití a las cinco y media de la tarde. Apenas bajamos del avión para hacer una escala de un día y medio, nos recibe un conjunto de hawaianos cantando y bailando el hula-hula. Hacemos nuestros trámites de extranjería. Nos llevan al hotel. Dejamos las maletas, alquilamos una camionera y nos vamos a recorrer la isla. La exhuberante vegetación llena de flores exóticas, las vestimentas coloridas de los lugares, el ambiente húmedo y cálido conforman un paisaje paradisíaco, visto solamente en las obras de Gauguin.

Otra vez estamos volando, pero esta vez en un jumbo de una línea aérea francesa. Llega la hora de la cena. El menú se compone de *paté a la champagne, filet mignon,* langosta a la termidór, vinos y licores franceses y *champagne cordon rouge.* Estamos en el Maxim's, pero con alas. Dormimos toda la noche. Luego de hacer una pequeña escala en Nueva Zelandia, aterrizamos en Sidney, Australia.

Hacemos los trámites de aduana. A la salida nos esperan los empresarios, uno de nacionalidad chilena y otro, uruguaya. Los acompaña un centenar de latinoamericanos donde abundan argentinos, peruanos, bolivianos, paraguayos, uruguayos, chilenos. Todos nos abrazamos con una alegría indescriptible. Llegamos al hotel. Esa noche estamos invitados a una comida ofrecida por los miembros del Club Argentino, donde nos homenajean con hermosos pergaminos repujados en cuero. Al otro día nos llegan a buscar en la mañana temprano para llevarnos a conocer la ciudad. Sidney es una combinación perfecta de Londres y Nueva York, de París y Miami. Su variedad arquitectónica supera lo imaginable, llegando a su punto máximo cuando visitamos el barrio chino.

Después de comprar algunos regalos y chucherías, entramos a comer a un restaurante chino. El camarero que nos atiende tiene los párpados tan cerrados que apenas se le ven los ojos. Parece chino con sueño. Nos damos a entender a penas, hasta que Olmedo, parándose, nos dice:

Olmedo: «¡Basta de papelones! ¿Me dejan a mí?»

Y agarrando al chino por un hombro le empieza a decir algo al oído. El chino sonríe. El Negro finaliza, diciéndole:

Olmedo: «¿Entendiste?»

El chino, mirándonos a todos, sigue sonriendo. Menos mal que se levanta uno de los empresarios y le hace el pedido en inglés. Al rato cae el chinito trayendo en un carrito con ruedas tres fuentes llenas de cervezas y gaseosas. Hay arroz con camarones, arroz con pollo, arroz con cerdo, arroz con vegetales, arroz con raíces, arroz con carne de vaca, arroz con carne de cordero, arroz con arroz. Lo único que falta es que el chino se ponga a cantar:

Arroz con leche
me quiero casar
con una señorita
de San Nicolás.

Comimos arroz como si fuera la última vez. A la tarde salimos a caminar por la bahía para bajar el arroz. Nos llama poderosamente la atención el Teatro de la Opera de Sidney. De construcción moderna y atrevida, domina toda la bahía. Terminado ese largo paseo llegamos al hotel a tiempo para bañarnos y cambiarnos porque a las nueve en punto vendrán a buscarnos dos matrimonios argentinos que residen en Sidney para homenajearnos en un restaurante. A las nueve y diez bajamos todos de las habitaciones. Tras las presentaciones de rigor salimos en cuatro automóviles que nos están esperando. Cruzamos toda la ciudad. En quince o veinte minutos hemos llegado a destino. El Negro Olmedo se baja del primer auto y dice:

Olmedo: «¡Rajemos! Mirá a dónde nos trajeron».

Yo saco la cabeza por la ventanilla y leo: «Restaurante Chino Hong Kong». ¡Otra vez arroz!

Uno de los anfitriones, al ver la cara de Alberto, dice:

Anfitrión: «¿Qué pasa? ¿Algún problema?»

Yo le explico que habíamos estado comiendo arroz chino al mediodía. Cambiando rumbo en seguida, vamos a parar a un restaurante alemán. Ya estamos sentados. Una orquestita alemana, compuesta por tres hombres y tres mujeres cantan y tocan valses vieneses y marchas alemanas. Cada uno con su cerveza en la mano, brindamos por el éxito de la gira.

Olmedo: «¡Esto es ambiente! ¡Miren qué lugar, qué alegría! ¡Miren con qué cara de felicidad cantan! Y eso que perdieron la guerra».

Camarero: «¿Qué van a comer?»

Olmedo: «Que elija el Lechón que es especialista en comidas alemanas».

Camarero: «¿Desean algo especial?»

Yo: «¿Tienen arroz?»

Camarero: «No, no hay».

Olmedo: «¡Viva Alemania!»

Esa noche nos acostamos a las cinco de la mañana. Antes de irnos a dormir, Olmedo y yo nos vamos a tomar un café a la barra del hotel.

Olmedo: «Gordo querido. Si treinta años atrás alguien te hubiera dicho que vendrías a trabajar a Australia, ¿qué habrías hecho?»

Yo: «Me le hubiera reído en la cara».

Olmedo: «Porque una cosa es ir a trabajar por Sudamérica, por Estados Unidos, o por España... ¿pero en Australia? ¿Porque estamos en Australia, no?»

Yo: «Sí, ¿por qué? ¿Qué duda tenés?»

Olmedo: «No. Como no vi ningún canguro... ¿Cuánto costará un canguro?»

Yo: «Vamos a dormir, Negro, que es tarde».

Olmedo: «¿Y los canguros tomarán vino?»

Yo: «¡Vamos a dormir!»

Al otro día, después de ir a varios reportajes de periódicos y radios hispanas, almorzamos rápidamente, ensayamos en el hotel y a las seis y media de la tarde vamos al H. Pavillion, donde tendrá lugar nuestra actuación. Llegamos. Es un inmenso coliseo con cerca de seis mil butacas. Nos preguntamos: «¿Vendrá la gente? Porque para llenar esto se necesita mucho, pero mucho público».

Examinando el lugar descubrimos a nuestras espaldas un enorme escenario adornado con plantas y flores. El juego de luces y el sonido son perfectos. Solo resta que esa noche nosotros estemos graciosos. Vamos a nuestros camerinos. El Negro Olmedo, para aflojar la tensión, se echa en un sofá a descansar, diciéndome que le avise diez minutos antes del comienzo del espectáculo. Yo me siento un poco nervioso. A los dos minutos, Olmedo ya está dormido, acurrucado, casi en posición fetal, como un bebé. ¡Cómo lo envidio! Lo veo dormir con una gran tranquilidad y me pregunto cómo hará para dormirse tan rápido. Porque nuestro querido Olmedo tiene la rara facilidad de dormir en cualquier lugar y posición: sentado, en cuchillas, de rodillas, acostado. Un día entré a un camerino y lo encontré durmiendo parado. O estaba muy tranquilo, o no le importaba nada. ¿Con qué cosas soñará este pequeño gran bufo? ¿Qué personajes entrarán en sus sueños? Me lo imagino de chico, a los siete años. flaquito, sonriente, en un día gris de su Rosario natal, jugando a la pelota en un terreno baldío con otros niños como él. Y a su madre, asomada a la puerta, gritándole: «¡Pituso... la leche!»

Pasan dos horas. Despierto al Negro. Golpean a la puerta del camerino. Es César Bertrand, buen actor y buen amigo. Nos viene a decir que ya estamos por comenzar. Entran los organizadores acompañados de fotógrafos y periodistas. Nos llenan de preguntas y fogonazos mientras que otros toman nota escrita de todo lo que decimos. El Negro, ya descansado, empieza a explicar de qué se compone el espectáculo. Está de muy buen humor. Brillante. Un reportero con acento extranjero le pregunta:

Reportero: «Dígame, señor Olmedo, ¿en qué consiste en sí el *show*?

Olmedo: «El espectáculo no es cómico ni dramático. No es para chicos ni para grandes. Cómo le pudiera decir. No es un espectáculo pobre pero tampoco es un espectáculo rico. Tiene partes graciosas, tiene partes que no lo son. Tiene partes en que la gente dirá «¡Oh!» y partes en que la gente dirá «¡Ah!» Por ejemplo, la parte más emocionante del espectáculo es cuando agarro al Lechón y lo revoleo por el aire. Él queda suspendido por varios segundos a diez metros de altura, cayendo de cabeza...»

Yo: «¡Pará, Negro!»

Olmedo: «¡Pero Lechón, contále cuando trabajaste en el

circo conmigo, cuando metías la cabeza en la boca del león! ¿Usted se imagina lo que es aguantar el aliento a un león, eh? ¡Hable!»

Yo: «¡Pará, Negro, por favor!»

Periodista: «su espectáculo ¿deja algún mensaje?»

Olmedo: «Solo cuando hacemos de carteros».

Ese día, el Negro está imposible. Imparable. No solamente está con un humor increíble, sino que tiene unas ganas locas de hacer reír a todo el mundo. Mientras, yo les digo a los periodistas que la explicación que acaba de dar mi compañero Olmedo -quien sigue diciendo locuras, improvisando un monólogo sin fin- es una muestra de su humor fino y talentoso. Algunos de los periodistas sonríen, dándose cuenta de la humorada de Olmedo que no para de hablar ni un segundo, mientras que otros no entienden nada de lo que dice nuestro querido loco. Esta noche está loco. Más que loco, loquísimo.

Olmedo: «Y mientras el Lechón cierra el espectáculo cantando "Aída", de Verdi, yo salgo desnudo arrojándoles pétalos de rosas al público».

Uno de los organizadores (diciéndome en voz baja, al oído): «¿Qué tomó Olmedo esta noche?»

Yo: «Sinceramente, no sé".

Tras una cortina musical, el locutor se presenta en el escenario y nos anuncia. Nosotros subimos las escaleras y hacemos nuestra aparición ante el público. El coliseo presenta un espectáculo impresionante. Más de ocho mil personas aplauden, gritando sin cesar. Mientras nosotros saludamos con la mano, tirando besos a diestra y a siniestra, el público sigue aplaudiendo. Vemos banderas argentinas, chilenas, uruguayas, peruanas, a gente con pancartas. Adelante del escenario, mil personas más paradas con filmadoras, máquinas fotográficas. Los aplausos van en aumento. Todo el mundo está de pie; así, por más de dos minutos. Nosotros seguimos saludando. Nunca nos hicieron un recibimiento de tal magnitud. Que yo recuerde, en ningún lado nos aclamaron así. La explicación es sencilla. Aparte de lo que Olmedo y yo representamos para este gran público, hay que comprender que la mayoría de esta gente hace más de quince años que no ha vuelto a sus países de origen. Es difícil llevar artistas a Australia por lo costoso que resulta el pago de hoteles y pasajes además de impuestos, sueldos, alquiler del teatro, publicidad, etc., etc.

La primera hora del espectáculo es impresionante. El público festeja con hilaridad cada cosa que decimos. Se ríen y aplauden todo. Las cosas graciosas y las que no lo son. Terminada la primera parte, nos dan quince minutos para descansar. Apenas entramos a los camerinos, llega uno de los organizadores y me comunica:

Organizador: «Señor Porcel, allá afuera están sus tíos y quieren entrar a saludarlo».

Yo: «¿Mis tíos? «Yo no tengo tíos, y menos aquí en Australia».

El hombre se va, y a los segundos, vuelve y me dice:

Organizador: «Esas personas insisten en que son sus tíos y en que quieren verle».

Yo: «Dígales que si en verdad son tíos míos, que escriban su apellido en un papel y me lo trae».

El emisario se va de nuevo para volver con un papel en la mano. Me lo pasa, y leo. Es el apellido de mi madre. Los hago pasar. El encuentro es más que emotivo. Son tíos que hace veinticinco años se habían ido a vivir a Nueva York y después a Sidney. Son dos tíos con sus respectivas esposas, hijos y nietos nacidos en Australia. Han conformado una familia como de veinte personas. Antes de volver a sus butacas, pues el espectáculo está por reanudarse, quedamos en que al día siguiente, a la una de la tarde, mis tíos vendrían a buscarnos a toda la compañía pues nos invitaban a comer a su casa.

Finalizada la segunda parte del espectáculo, una avalancha de público de todas las nacionalidades se hace presente en nuestro camerino. Estamos hora y media firmando autógrafos y sacándonos fotografías. ¡Qué noche inolvidable!

Vamos a comer a un restaurante italiano y después al hotel. Se van todos a dormir, menos el Negro y yo, que nos quedamos tomando un café en la barra del hotel.

Olmedo: «¡Qué éxito!» Pregunta: «¿Alguna vez te aplaudieron así?»

Yo: «Que yo recuerde, nunca».

Olmedo: «¡Qué lástima que no lo filmamos!»

Yo: «Vámonos a dormir, mira que mañana tenemos que ir a comer a lo de mi tío».

Olmedo: «Andá vos. Yo me voy a quedar a tomar otro café. Estoy desvelado. Se me fue el sueño...»

¡Qué rápido pasa la noche! ¡Qué poco tiempo duran las cosas buenas! Me despierto a las doce del mediodía. Es un día de sol espectacular. Me baño y me afeito. Mientras me estoy lavando los dientes suena el teléfono. Me comunican que mis tíos están abajo. Me apuro. Al llegar al vestíbulo del hotel encuentro al Negro hablando con mi tío. Apretados en tres automóviles, iniciamos el viaje hacia las afueras de la ciudad. Llegamos. La casa es grande, sencilla pero confortable. En el comedor, una mesa larga vestida con impecables manteles blancos está llena de platos y fuentes y botellas de vino. Pasamos al jardín donde está la piscina. Nos esperan mis primos y sobrinos australianos. Me los presentan uno por uno. Son todos pelirrojos y tienen la nariz llena de pecas. Usan el cabello largo. Les voy dando la mano a medida que me los presentan. Mis tías hacen su aparición con las demás mujeres de la casa. En las manos traen fuentes con pizzas de *moza-rella*, de anchoas, *a la capricciozza*, a la siciliana. Platos con anchoas y ajos en aceite de oliva, *prosciutto*, mortadela, quesos de todas clases, berenjenas y champiñones en aceite de oliva con ajos; pan casero, caliente, con ajos. Es el festival del ajo.

El Negro lo prueba todo. Yo, para qué les voy a contar. Mis primos y mis sobrinos nos miran sonrientes. Hacen su aparición las botellas de vino. Entre bromas y chistes del Negro Olmedo nos sentamos todos alrededor de la mesa. Nuestras mujeres por su lado hablan a todo lo que dan. Yo disfruto como nunca. ¡Qué felicidad! ¡Qué generoso es Dios con nosotros! ¡Cuántas cosas nos daba! ¡Gracias, Señor!

De pronto aparecen enormes fuentes con *fetuccini* con salsa a la siciliana hecha por mis tías especialmente para nosotros. Al rato viene mi tío a decirme que tengo un llamado de Buenos Aires.

Tío: «Dice que es un tal doctor Cormillot».

Yo: «¡No sé quién es!»

(¡Qué ingratitud!)

¡Qué almuerzo, mama mía! ¡Qué linda mi familia! Es una clásica fiesta de familia italiana, a la antigua, donde las mujeres preparan todo con sus propias manos, todo hecho con una artesanía envidiable y con el ingrediente más importante de todos, el amor.

Los únicos que están como ajenos son mis primos y mis sobrinos que no saben hablar el español ni el italiano, idiomas de sus padres. A las siete y media de la tarde, creyendo que la fiesta ha terminado, nos levantamos para despedirnos. Mi tío me pregunta que a dónde vamos.

Yo: «Y... al hotel!»

Tío: «¡Cómo que se van a ir! ¿Me quieren decir qué hacemos con la cena que preparamos para ustedes?»

Olmedo (dirigiéndose a todos): «Señoras y señores. Hemos bebido y comido haciéndoles el honor a estas damas que tanto se han prodigado para que nosotros lo pasemos como en casa. Son las siete y media de la tarde. ¿Qué ganamos con irnos? ¿Qué lograremos? ¿Que digan de nosotros "pájaro que comió, voló"? ¿Y si nos agarra la noche con sus misterios y peligros? ¿Y si cuando vamos en el auto se nos cruza un canguro? ¡No, señores! Nosotros no podemos ir por ahí arriesgando nuestras vidas por llegar al hotel, qué digo hotel, a esa pensión de cuarta. Señoras, señores, recapacitemos». (Cambiando de tono): «A propósito, ¿qué hay de comer?»

A las diez de la noche estamos otra vez comiendo.

Mi tío (feliz): «Giorgio, mañana están invitados a comer a mediodía».

Yo: «¡No, gracias! Es demasiada molestia».

Olmedo: «Digo yo una cosa... Para no molestar, ¿qué te parece que nos quedemos a dormir acá? Así mañana no tenemos que andar viajando, ¿eh, tío?»

Esa noche llegamos al hotel a las cuatro de la mañana. No puedo dormir. Pongo el televisor en el canal A. Me estoy quedando dormido cuando de pronto lo veo a Olmedo en la pantalla. Después aparezco yo. Están dando una película nuestra, traducida al inglés. Llamo a Olmedo a su habitación y me dice que está viendo lo mismo. Al otro día estamos en la mañana en el canal invitados a ver cómo se traducen nuestras películas al inglés. Ahí conocemos a un empresario portugués que es el que compra nuestras películas, las hace traducir y luego las vende a los canales australianos. Me dice que las tiene todas. Olmedo comenta:

Olmedo: «Hay una que hicimos y que no la hemos visto».

Portugués: «Aquí la tengo. ¿Dónde quieren verla?»

Yo: «Vamos todos a casa de mi tío que es hora de comer».

Llegamos con el portugués como invitado especial. Después de almorzar pantagruélicamente, el portugués abre una maleta, arma una pantalla de cine, y vemos todos juntos la película en compañía de mis tíos que se ven radiantes de felicidad.

Esa tarde nos vamos temprano al hotel porque trabajamos en el Club Uruguayo. ¡Qué club! ¡Qué gente maravillosa! Apenas aparecemos en el escenario, el público estalla en una ovación. Hay de todo: gritos, aplausos. Salen con tamboriles. Nos reciben con canciones, con candombes. Parece un carnaval uruguayo. En vez de estar en Australia, creemos estar en Dieciocho y Andes viendo desfilar a la Murga Saltimbanqui. Olmedo y yo estamos atónitos y apabullados ante semejante recibimiento. Esa noche con Olmedo estamos enchufados. Conociendo las debilidades y gustos de los uruguayos, les damos donde más les llega. Para rematar la noche, nos agasajan con comida. ¡Más y más comida! En medio de la fiesta, una señora uruguaya, oriunda de Canelones, me dice que tengo una llamada telefónica de Buenos Aires.

Señora: «Es el doctor Cormillot».

Yo: «¡No le oigo!»

Señora (hablando más alto): «Tiene un llamado del doctor Cormillot de Buenos Aires».

Yo: «Perdone, pero no le oigo nada».

La señora insiste. Se desespera. Me grita.

Yo: «¡No insista, señora! ¡No le oigo nada!»

Al otro día nos levantamos a las dos de la tarde. Sin almorzar, pues hemos almacenado comida para una semana, nos vamos para la playa Costa de Oro. Hermoso lugar. Olmedo me invita a caminar por la arena. A los doscientos metros de andar caminando bajo los rayos del sol, se da cuenta de mi cansancio y fatiga.

Olmedo: «¿Te cansa mucho caminar?»

Yo: «Sí. No doy más».

Olmedo: «Tenés que parar de comer, Gordo. Ahora va en serio. Tenés que parar o si no vas a tener un disgusto».

Yo: «No sé qué me pasa pero no puedo dejar de comer».

Olmedo: «¿Me lo vas a decir a mí? Yo tampoco puedo parar, con la diferencia que mientras yo engordo un kilo, vos engordás veinte».

Yo: «Voy a tratar de cuidarme».

Olmedo: «¿Por qué no comés fruta, ensalada, pescado? ¡Hacé la prueba!»

Yo: «¡Llevo veinte años haciendo la prueba, Negro!»

Olmedo: «Si no lo hacés por vos, por lo menos hacélo por la gente que te quiere».

Yo: «Tengo ganas de llorar, Negro».

Olmedo: «Llorá tranquilo, que yo te tapo».

Otra vez el Negro me hace reír. Toda esa semana me cuidaría comiendo frutas y ensaladas. Otra vez estoy en pie de guerra contra los kilos. ¡Ahora debería llamarme el doctor Cormillot!

Ha pasado una semana. Toda la compañía, el Negro y yo, estamos sentados en el avión que nos llevará a Melbourne, adonde llegaríamos a la una de la tarde. El hotel donde nos hospedamos es un edificio inglés clásico de principios de siglo. Sus paredes son verdes, adornadas con cuadros con escenas de caza. Está amueblado con sillones de cuero estilo Morris. Sus pisos de madera antigua con alfombras de Bohkara. Empleados y botones se desplazan dentro de un riguroso silencio inglés. Al costado hay un *pub* apenas iluminado. Una fuerte y robusta escalera de madera separa en dos el *lobby* del hotel. Lo único que falta es que haga su aparición el doctor Jekill.

A las nueve de la noche estamos en el teatro. Es una sala de 2,500 butacas. Solamente la mitad está ocupada, pero igual el recibimiento es caluroso. El público ríe a mandíbula batiente con nuestras ocurrencias. A la noche vamos a comer. Pido una ensalada. Cuando voy a tomar un pan siento que de la otra punta de la mesa Olmedo me grita: «¡Cuidado, Lechón, que te estoy mirando!» Mi mano vuelve vacía. Termino mi ensalada, mi pescado, mi fruta de postre. Me traen el café con algunas galletitas de coco y canela. Voy a tomar una, y siento a Olmedo que otra vez me grita desde la otra punta de la mesa: «No, Lechón, que te estoy mirando». Tomo café solo. Y así, sucesivamente. Pasaría una semana más de ensalada, fruta y pescado.

Otra vez estamos viajando, pero esta vez a Buenos Aires. Todo ha quedado atrás: mis tíos, mis primos, mis sobrinos australianos, los aplausos. Un sentimiento de nostálgica angustia se instala en mí. Otra vez a enfrentar los problemas que dejara atrás, fruto de mi propia concupiscencia. A mi lado, mi mujer duerme plácidamente. ¡Cuánto disfrutó con esta gira! ¡Qué buena es! Quiero dormir, y no puedo. Como en una película, paso y repaso todos los momentos hermosos que vivimos durante treinta días con todos sus personajes. Treinta días en que mis compañeros y yo nos conocimos un poco mejor; sin egoismos, disfrutando todos juntos, más unidos que nunca.

Llegamos a Buenos Aires. Otra vez nos espera la vorágine que implica la tarea de trabajar a lo loco. Teatro, cine, televisión. Carrera larga y difícil que muchos abandonan en la primera curva y otros se matan en plena recta tratando de pasar la bandera a cuadros, esa bandera a cuadros que nunca baja, esa meta que parece cercana pero que nunca alcanzamos. ¿Cuál es el fin? ¿Cuál el premio? ¿El éxito? ¿El dinero? ¡Qué difícil es para algunos conseguirlo! ¡Con qué facilidad lo consiguen otros! Conozco varias recetas para lograrlo, pero yo me inclino por la menos peligrosa: trabajo, trabajo y trabajo. No quiero otra. La ambición me lleva de la mano a la velocidad que yo quiero, pero las tentaciones me llevan de la mano a la velocidad que ellas quieren. Yo, complaciente, me anoto en todos los grandes premios. Hago uso y abuso, llegando a la insana sensación de borrachera permanente, creando un estado de inconsciencia en el que a uno no le importa nada ni nadie. Cuando esta pasa, nuevos sentimientos se anidan en mí: culpa, impotencia, desazón, zozobra espiritual, envilecimiento, creando excusas para seguir abriendo puertas que conducen a caminos de los cuales no sé cómo regresar.

Tres premios nobeles más se agregan a los que ganaron Saavedra Lamas y Bernardo Housay. Son los ganados por los argentinos Luis Federico Leloir (Química, 1970), Adolfo Pérez Esquivel (Paz, 1980), y César Milstein (Fisiología y Medicina, 1984).

Quiero cambiar. Necesito cambiar mi estilo de trabajo. El éxito de la peluquería de Don Mateo, personaje con el que mi amigo Rolo Puente y yo nos divertimos durante años, ha quedado atrás. El teatro de la picardía y del doble sentido llegan a saturarme de manera tal que ya no me divierten como antes. Al contrario, las últimas revistas en las que actúo son de una pobreza tal que lo gracioso y divertido se transforma en agresivo y vulgar para el público como para mí. Todo esto avalado por productores incompetentes que hacen del teatro una aventura de la cual ninguno de nosotros saldría bien parado.

De los éxitos que lográramos primero con Gerardo Sofovich y luego con el talentosísimo Hugo Moser ya no queda nada. Lo que vendría después serían espectáculos sin el suceso y la trascendencia de los anteriores. Queda en evidencia una vez más aquello de que «al público no se le puede engañar».

Una vez, hace algunos años, había intentado hacer un programa para niños, logrando un fracaso total, con un *rating* tan bajo que no me veían ni los niños, ni los grandes, ni los viejos. ¡Ruso querido, cómo te extraño!

Olmedo y yo tomamos caminos diferentes que se unen únicamente en una que otra filmación.

La abulia, el aburrimiento, el descontento me acompañan todos los días, mañana, tarde y noche. Debo cambiar. Necesito cambiar. ¡Cuántos de mis compañeros han muerto! Me atrinchero en mi hogar. Dios me ha dado una familia tan hermosa que con amor, con ese amor sin retazeos que solo dan los que aman sin interés alguno harían que yo viviera en paz, esa paz que tanto necesitaba. Sentado en el sillón de mi escritorio lleno los momentos de mi soledad escuchando música. A la mañana, me desayuno con Maurice Ravel. Mis temas preferidos son «Daphne y Cloé» y «Pavana para una infanta difunta». Mientras almuerzo, escucho a Chico O'Farrill y a Paquito de Rivera, dos grandes músicos que luego serían mis grandes amigos. Como postre escucho a los «Take 6», el conjunto vocal más maravilloso que escuché en mi vida, pues hacen con sus voces lo que los músicos no podrán hacer nunca con sus instrumentos. Durante la tarde hago un batido con Horacio Salgar, el dúo Troilo-Grela, don Sixto Palaveccino, la Misa Criolla de Ariel Ramírez y el polaco Goyeneche, con arreglos y dirección de Carlos Franzetti. Lo agito bien y me lo bebo todo, sin dejar una gota.

Pongo la radio. Con voz serena pero titubeante, el locutor nos dice que tiene una noticia pero no sabe cómo darla... Ha muerto Juan Carlos Altavista..........

Murió Minguito. Murió un pedazo de Buenos Aires. Con él murieron los bares, los billares, las esquinas, los conventillos, la pelota de trapo. ¡Qué sola te quedaste, Gallega, en tu casa de Olivos, donde juntos compartimos tantos lindos momentos!

Otra vez a empezar. Un empresario me llama por teléfono y me pide una cita para hablar de negocios. Concurro a su oficina donde me comunica que tiene una comedia inglesa para mí. Juntos la leemos. Es muy graciosa, muy fina, con una trama de lo más interesante. Todo está muy bien, pero ¿y el cambio? ¿Lo aceptará la gente que siempre me vio haciendo un tipo de teatro y ahora, de repente, opto por otro? Es como saltar de la leche al wisky; como depilar a un león dentro de su jaula. Me llevo el guión a mi casa. Lo leo una y otra vez. Miro a la tribuna. La hinchada mira para otro lado. Al final acepto y firmo. Debuto en el mes de diciembre en la ciudad de Mar del Plata rodeado de un gran elenco. La comedia es buenísima. El poco público que va se ríe a más no poder. Todas las noches, cuando finalizamos nuestra actuación, el público nos aplaude de pie a telón abierto. Pero eso no basta. Recién al mes aumentamos un poco el público. ¡Cómo le cuesta a la gente digerir ese cambio! Así pasamos los tres meses de actuación en la ciudad veraniega más linda del mundo. Hasta que un día, un empresario nos contrata a Jorge Corona, a José Marrone y a mí para un espectáculo titulado, «Los reyes del monólogo». Vuelvo a mi viejo estilo pero un poco más elegante. Teatro al que vamos, teatro que reventamos. La gira dura seis meses. El ciclo que hago en televisión da buenos resultados. Nos encontramos con Gerardo Sofovich. El ruso me propone juntarnos de nuevo para hacer televisión y teatro. Apenas comenzamos el ciclo de televisión una desinteligencia nos vuelve a separar. Llega el fin de año. El director y productor Enrique Carreras me propone trabajar en su teatro de Mar del Plata rodeado de su esposa Mercedes y sus hijos que también integran el elenco. Paso una de las temporadas más lindas de mi vida. El famoso autor de boleros Mario Clavel también es de la partida con el que nos divertíamos noche tras noche en un ambiente de camaradería inolvidable.

Termina la temporada. Estoy en mi casa en Buenos Aires, sentado en mi sillón. Me siento deprimido, descorazonado, desorientado. Pero dos personas tienen fe en mí. Uno es Alejandro Romay, viejo hombre del espectáculo, super exitoso y veterano en estas lides de la televisión. Nos conocemos desde hace muchos años. Me cita en sus oficinas, recibiéndome con gran afecto. Después de una breve charla, me pregunta:

Romay: «¿Qué querés hacer?»

Yo: «¿Qué querés que haga?»

Romay: «Lo que vos quieras».

Yo: «¿Cómo lo que yo quiera?»

Romay: «Sí. Lo que vos quieras, lo que más te guste hacer».

Yo: «¿Tanta fe me tenés?»

Romay: «Sí... Preparáme un programa como el que te gustaría hacer y traémelo».

A los pocos días le llevo un guión. Lo toma, lee el título, «Las gatitas y los ratones de Porcel» y me dice:

Romay: «¿Cuándo querés firmar el contrato?»

Yo: «¡Cómo! ¿Sin leer el guión?»

Romay: «Con el título me basta y me sobra».

A la hora y media estoy firmando el contrato en el Canal 9. A la semana me llama el productor teatral Quique Stebanez, joven empresario que cuenta en su haber con varios éxitos. Los

términos de la reunión son casi un calco de la reunión que había
tenido con Alejandro Romay.

A los pocos días ya tengo firmados dos contratos. Uno de
televisión y el otro de teatro. Durante días hago un análisis
exhaustivo de las preferencias de la gente, de cómo impactar
en el mercado televisivo con algo supuestamente distinto
pues ya todo está inventado. ¿Qué hacer? ¿Volver a la
comedia fina y sutil? Ya había tenido una respuesta negativa
del público. ¿Hacer comedia ligera? La gente me daría la
espalda otra vez. ¡Qué tarea terrible la de buscar una receta
que le venga bien a todos y que dé buenos resultados económicos para el canal por intermedio del dios *rating* porque eso
es lo que es la televisión: números, solamente números. Si
uno hace una genialidad y no tiene *rating*, lo genial no sirve.
Pero si uno hace algo de regular para abajo y tiene gran *rating*
lo tratan a uno como a un triunfador. ¿Qué hacer? Pienso, y
pienso y requetepienso. No se me ocurre nada. Solo en lo que
yo tengo experiencia: hacer reír. ¿Pero cómo? ¿De qué
manera? Vuelco todo lo que he aprendido en el género que
domino con alguna facilidad. De acuerdo con lo que dijo el
inventor del show cómico musical, Ziefield, «la combinación
perfecta para un buen espectáculo es: mujeres bonitas,
vestuario lujoso, buena música y humor de todo tipo». Con
esa base empiezo a trabajar. Empiezo a buscar personajes que
sean reconocidos por el público, actuales, históricos, chis-
peantes; decorados adecuados, doble sentido; rodeado
siempre de comediantes buenos y experimentados; de chicas
hermosas que a la vez sean actrices, cantantes, que bailen
bien, con un gran ballet atrás y que no se parezca a otros
programas anteriores. ¡Qué difícil! Pero como yo nací para
esta clase de baile, bailo.

Primero, empiezo con mi programa de televisión. Tengo
todo el apoyo del Canal 9. Todo lo que pido me lo dan. Todo

lo que sugiero me lo aceptan. No encuentro un no en ninguna parte. Los mejores bailarines, todos dirigidos por un buen coreógrafo; el mejor escenógrafo, los mejores técnicos, todo me lo dan. Absolutamente todo, así es que no puedo fallar. Trabajo en la confección de los textos con dos buenos autores que me surten de material a diario. El elenco de actores y actrices es de lo mejor. Sale al aire el primer programa con muy buen *rating*. Todo está bien. La receta dio resultado. La maquinaria llamada «Las gatitas y los ratones de Porcel» funciona cada día mejor. Yo, feliz. El canal, también. Papá *rating* es generoso.

¡Julio!... ¿Por qué hiciste eso? ¿Por qué, Julio? ¿Por qué no me llamaste? A mí, o a cualquiera de tus amigos. ¿Por qué tomaste esa decisión terrible de irte en silencio? ¿Por qué no nos diste la oportunidad de decirte todo lo que te queríamos? ¡Chao, Julio!

Paso por la farmacia de la esquina. Me paro en la puerta. Miro para adentro con cierta melancolía. Y ahí, en un rincón, está ella. Blanca, altiva, orgullosa, desafiante. Es la balanza. Cuando me ve empieza a temblar. Una gota de sudor cae por entre sus números. Nos miramos a los ojos mientras ella me dice:

«Nosotros que del amor hicimos
Un sol maravilloso, romance tan divino
Nosotros que nos quisimos tanto
Debemos separarnos, no me preguntes más.
No es falta de cariño, te quiero con el alma
Te juro que te adoro, que en nombre de este amor
Y por MI bien, te digo adiós».

Los farmacéuticos lloran. La mujer que da las inyecciones no puede ocultar su tristeza abrazada con el chico de los mandados. A mí se me hace un nudo en la garganta. No puedo creer que esa relación de tantos años vaya a terminar de esta manera. Una lágrima rebelde rueda por mis mejillas. Uno de los farmacéuticos se acerca y tomándome de un hombro, me dice:

Farmacéutico: «¡Qué va a hacer! Los gordos nacimos para sufrir. Por favor, no se ponga triste».

Yo: «¿Cómo quiere que me ponga, después de una relación de tantos años, en que a ella, solamente a ella, le dediqué los mejores kilos de mi vida?»

Farmacéutico: «¿Solamente a ella...? No me va a decir que le fue siempre fiel».

Yo: «¡Siempre le fui fiel! Y eso que tuve cientos de oportunidades de subirme a otras balanzas».

Farmacéutico: «¿Así que ni siquiera una aventurita?»

Yo: «¡Ni siquiera una...! ¿Para qué? ¿Para que a uno le paguen de esta manera?»

Farmacéutico: «Tiene razón, mi amigo... pero compréndala. ¡Usted la ha hecho sufrir mucho! Ella le ha aguantado a usted lo que no le ha aguantado a nadie».

Yo: «Sí, es cierto... tiene razón ¿pero quiere que le diga una cosa? ¡Todas las balanzas son iguales!

Mientras me voy caminando bajo la lluvia en esa tarde gris, voy cantando:

No habrá ninguna igual
No habrá ninguna
Ninguna con su piel y con su voz
Su piel magnolia que besó la luna.

Siento un chistido. Al darme vuelta, veo que de dentro de

un Ford del año 1939 me hacen señas. Me acerco y veo a Humphrey Bogart con Peter Lorre.

Bogart: «¿Qué te pasa, Gordo?»

Yo: «No. No me pasa nada».

Bogart: «¿Cómo que no te pasa nada? ¿Y esas lágrimas?»

Yo: «Una basurita que se me metió en el ojo».

Lorre: «Dinos la verdad, muchacho, no temas».

Yo: «Le digo que no me pasa nada».

Bogart: «¡Rompiste con la balanza!»

Yo: «¿Cómo se enteraron?»

Lorre: «Nosotros lo sabemos todo».

Yo: «Entonces, espero que me comprendan».

Bogart: «¡Cómo no te voy a comprender si anoche Ingrid Bergman me dejó por otro!»

Yo: «¡No puede ser!»

Bogart: «Lo peor que se fue con un actor de reparto».

Yo: «¿Se fueron en un triciclo?»

Bogart: «No, animal. Cuando te digo de reparto, me estoy refiriendo a un actor de segunda categoría».

Lorre: «¿Lo liquido, jefe?»

Bogart: «Déjalo, y vámonos, que ahí viene la Gestapo».

Aparentemente todo está bien, todo está normal. Rodeado del confort que dan los bienes materiales y el desahogo económico llevo seis meses desde que empecé el primer programa de televisión haciendo reír a la gente, pero hay algo que no funciona. Hay algo que me falta. A pesar de que el éxito me sonríe, no soy feliz. Si lo soy, lo soy de a ratos, pero no encuentro eso que llaman plenitud. ¿O será que esa palabra no existe para mí? Porque aparentemente lo tengo todo: salud, una buena familia que me ama, éxito, buenos amigos. ¿Qué me estará faltando? Empiezo a preocuparme. Solamente me divierto cuando estoy actuando. Después de finalizada la actuación en el canal siento como si un telón cayera sobre mi alma separándome de las cosas simples y bellas de la vida. Me doy cuenta que no disfruto, transformándome en una máquina de trabajar como si eso fuese lo único que me llenara de satisfacción. Todas las noches llego a mi casa con un raro cansancio que solo me saca la televisión, hasta que me duermo, cansado, agotado. Duermo muy mal. Duermo sin dormir. No duermo en paz como dormía antes. Cualquier ruido me despierta. Así paso las noches y las noches, despertándome más cansado que cuando me acuesto. Me levanto angustiado. Empiezo a comer otra vez por demás, recuperando la mitad de los kilos perdidos. De nuevo la fatiga, el dolor en mi rodilla. Las únicas horas en que descanso son las que encuentro dormitando en mi sillón, de tarde en tarde. Los pocos ratos libres que tengo los paso escuchando música pero sin escuchar. Así, un día y otro y otro llevando la pesada carga de vivir sin saber lo que a uno le pasa. Empiezo a deprimirme cada vez más. Voy a los médicos. Estos me sugieren sicoterapia. Yo me doy cuenta que necesito otra cosa. Me siento cada vez peor. Esto de enfrentar el mundo exterior todos los días con una sonrisa forzada es una carga difícil de llevar. Empiezo a sentir dolores de todo tipo. La mayoría son imaginarios, transformándome poco a poco en un hipocondríaco. Pero yo no estoy enfermo; mejor dicho, no estoy enfermo del cuerpo, salvo mi permanente obesidad. ¡Ya sé! Empiezo a darme cuenta que estoy enfermo del alma. Inicio la búsqueda del remedio por todos lados. Primero, en el espiritismo. Lo intento una, dos, tres y varias veces más. No llego a entender la filosofía de invocar a los muertos hasta que al final me aparto de esto sintiendo un rechazo total a tales manifestaciones.

Cada día estoy peor. Alterno con parasicólogos, representantes de la Nueva Era y demás sectas heréticas o seudo cristianas. Me doy cuenta que necesito la presencia de Dios, pero lo he venido buscando precisamente allí donde Él no está. Mi mujer se ha dado cuenta de esto varios años antes que yo, entregando su vida a Jesús por completo. Ella me pide, me ruega que la acompañe al templo donde ha encontrado en Jesús la verdadera paz. Yo me niego durante largo tiempo hasta que un día toco fondo. Llorando, pido ayuda. Mi esposa, que ha orado durante años por mí, llama urgentemente àl pastor-evangelista Carrevere. Cuando este entra a mi casa, siento una paz imposible de describir. Tras una breve explicación evangélica y una oración, entrego mi vida a Cristo. Pido perdón por mis pecados y me arrepiento de todo corazón. Quiero seguir a Jesús. Tengo necesidad de Él. Esa tarde lloro como nunca lo había hecho. Me siento libre, limpio, con esa plenitud que antes no podía conseguir. Me siento como si me hubieran sacado un siglo de encima, pero no me doy cuenta que recién empiezo una dura batalla en la cual el enemigo no me dejará en paz. Por decisión propia he dejado de pertenecerle a él. La lucha recién comienza, pues el enemigo no duerme ni toma vacaciones; sin embargo, yo tengo en mi mano la más poderosa de las armas: la presencia de Jehová, Dios de los ejércitos.

Uno de mis grandes errores es creer que con esto ya está todo listo y solucionado. Paulatinamente, mi vida va tomando un cauce que me parece normal. Pero dentro de esa normalidad hay pautas a seguir, las que yo desconozco totalmente, primero por mi ignorancia y luego por comodidad. Total, ya tengo el pasaporte y el boleto de ida para el lugar deseado.

En poco tiempo sigo viviendo como antes. Al contrario, con más libertad, cayendo una y mil veces, viviendo permanentemente en *off-side*. ¡Qué actitud cómoda la mía!

Sigo trabajando sin problemas aparentes, hasta que un día

ocurre algo que es como recibir una bofetada en pleno rostro. Trabajo en teatro en Mar del Plata con bastante éxito. En uno de los *sketches* hago un chiste de doble sentido muy fuerte. El público se muere de la risa, pero una pareja de la platea se levanta de su butaca, yéndose por uno de los pasillos. En mis veinticinco años de trabajar en teatro, aquello no me había ocurrido nunca. Después de eso no sé lo que pasó. Sigo trabajando como un autómata. No escucho ni mi propia voz. Estoy como metido dentro de una campana de cristal. ¿Por qué me preocupa tanto la pareja que se ha ido si hay más de mil personas que apuestan a mi humor? Termina la función. Yo tengo en mi mente la imagen de esa pareja abandonando apresuradamente el teatro. Algo empieza a obrar dentro de mí. No sé qué es, pero lo siento. Llego a mi casa después de cenar con mis amigos. No puedo conciliar el sueño. ¡Cómo dos personas pueden más que mil! Empiezo a hacer conjeturas. ¿Y si uno de ellos se sintió mal? Sí, eso. Debe de haber sido eso. Pero no. Sigo buscando el por qué, llegando a la triste conclusión que no a todo el mundo le gusta lo que yo hago. Pasan los meses. Un día me encuentro en la puerta del teatro con el pastor Omar Cabrera. Me pregunta cómo me va. Cómo me siento. Yo le digo que bien, pero no tan bien como al principio de mi conversión. Me pregunta si me congrego en algún templo. Le digo que no. Que si leo la Biblia. Le digo que no. Que si recibía a algún miembro de la iglesia en mi casa. Le digo que tampoco. En forma muy objetiva me explica que aparte de mi conversión y mi aceptación de Cristo como mi Señor y mi Salvador personal tengo que cambiar mi actitud actual y conectarme con la Palabra de Dios. Esto no lo había hecho nunca, pues cada vez que tomaba la Biblia no solo no conocía su terminología, sino que entendía muy poco, casi nada, de lo que allí decía. Me siento fracasado. Empiezo a recibir a un pastor que viene una vez por semana a mi casa para enseñarme la Palabra de Dios. Yo entiendo poco y nada de lo que me explica; mejor dicho, un sentimiento de rebelión interna gobierna mis sentidos y mi intelecto haciendo que escuche sin escuchar, acepte sin aceptar y comprenda sin comprender. La situación se hace cada vez más insostenible.

Pasan unos meses. Vivo sin tropiezos aparentes. Una noche, mi esposa me invita a una reunión cristiana que lidera el pastor Omar Cabrera. Vamos. Nunca voy a olvidar con el amor con que fui recibido por los componentes de esa reunión. Es un trato distinto. La mayoría de los rostros reflejan una paz y un gozo que no había conocido antes. El pastor Omar Cabrera está acompañado de su esposa Marfa. Esa noche inicio una gran amistad con estos dos hijos de Dios. Nada ha ocurrido por casualidad. Cada pregunta que le hago, el pastor me contesta de manera fácil y entendible. Nunca había escuchado predicar a nadie, hasta que esa noche el reverendo Omar Cabrera toma el micrófono y predica de una manera sencilla, inteligente y comprensible; sin condenar a nadie, con amor y una elocuencia genuinamente cristiana.

Esa noche duermo feliz. ¡Por fin he comprendido algo de la Palabra de Dios!

Ha pasado otro año de éxitos y triunfos. Yo sigo viviendo, como dice la canción, a mi manera, actitud que me acarrearía graves problemas en mi vida espiritual. Porque ya estoy empezando a darme cuenta de la distancia que Dios ha puesto entre lo correcto y lo incorrecto.

Me encuentro con el pastor Cabrera y le comento lo que me sucede. Me dice que lo ponga en oración y que Dios va a actuar de la manera y en el momento que Él crea conveniente. Un poco más tranquilo, al fin de año debuto con mi compañía de teatro y con el comediante y excelentísimo actor Jorge Luz, gloria del cine, teatro, radio y televisión otra vez en Mar del Plata. Con los personajes Doña Tota y La Porota hacemos morir de risa a miles de espectadores en el teatro y en la tevé al mismo tiempo que nosotros nos divertimos como locos. El éxito de estos personajes también tiene repercusión en toda América Latina, el Caribe y los Estados Unidos.

Una mañana temprano, mi esposa me despierta sollozando. Le pregunto qué pasa. No sabe cómo decírmelo. No encuentra palabras hasta que por fin me anuncia la muerte de Alberto Olmedo. Mi compañero de tantos años había fallecido al caerse de un décimo piso en la ciudad de Mar del Plata. Un sentimiento de soledad y abandono se apodera de mí como si de golpe hubiera cumplido cien años. Me faltan las fuerzas para reaccionar ante tamaña noticia. Permanezco como media hora sentado en el borde de la cama sin hablar, en silencio total. Al rato me viene a buscar mi empresario, Quique Stebanez. Antes de que abra la boca le digo que ya lo sé todo. Nos vamos en su auto a la casa mortuoria. Hay una tristeza tan grande en Mar del Plata que todo se torna gris. Sus calles, su gente, todo gris. Yo todavía no me puedo reponer del *knock out* que me propinó la noticia. Subimos la escalera de la casa mortuoria. Nos encontramos con sus hijos y con sus compañeros de teatro que lloran desconsolados. Me siento a un costado. Me hablan y no sé de qué me hablan. Me preguntan cosas que no sé responder. Otros me saludan y quieren saber cómo me siento. No tengo ganas de hablar con nadie. Más tarde me dicen que se lo llevan para Buenos Aires. Yo me voy al teatro. Me siento en el camerino detrás del escenario. Me pregunto para qué tanta pelea, tanta lucha, tanta carrera, tanta discusión, tanta vanidad y orgullo. ¡Qué corta es la vida! ¿En qué alforja nos llevaremos el dinero, los aplausos, las conquistas, las risas, la fama, los autos, las broncas, las alegrías, las injusticias? ¿Cabrá todo en un cajón? ¡Qué corta es la vida! Pasan dos días. Otra vez en el teatro. Al final, al cantar la canción con que se cierra el espectáculo empiezo a llorar sin parar, así por varios minutos, al mismo tiempo que hombres y mujeres secan sus lágrimas en la platea. Creo que paro de llorar a las dos o tres horas. ¡Piluso no tomaría más la leche!

Tres nombres acaparan las marquesinas del mundo. Los tres llenan de público teatros, coliseos y estadios. Plácido Domingo, José Carreras y Luciano Pavarotti. Estos tres titanes de la lírica se transforman en mensajeros de una cultura musical creada antes para unos pocos y ahora disfrutada por muchos. ¡Qué grandes son Domingo, Carrreras y Pavarotti! ¡Qué bien cantan los tres! Siempre juntos, como los tres mosqueteros... pero ¿no eran cuatro los tres mosqueteros? ¿Y D'Artagnan? ? Sí, señoras y señores, no se olviden del cuarto, Alfredo Krauss. ¡Ese es el mejor de todos!

Sigo aumentando de peso. La rodilla izquierda me duele cada vez más. Estoy angustiado. Mi esposa me dice de ir a un templo evangélico que queda a unas veinte cuadras de donde nosotros vivimos en Mar del Plata. Vamos. Hay unas cincuenta personas frente al pastor. Nos sentamos en la última fila. Todo va bien hasta que una persona se da vuelta y me reconoce. Se lo comunica a otras personas y estas otras a otras y así sucesivamente. Ya nadie escucha al pastor, distraídos por mi presencia. Mi mujer y yo optamos por levantarnos e irnos. ¿Será posible que no pueda entrar en contacto directo con mi Padre Celestial?

¡Cuánto te necesito, Señor!

Al otro día llego al teatro temprano. En el vestíbulo está instalada una galería de obras pictóricas de los más famosos de la plástica argentina. El dueño de esta galería es Humberto Goluscio, hombre joven y simpático. Entre charla y charla descubrimos que nos une algo importante: los dos somos cristianos. No tardamos en hacernos amigos.

En vez de llegar a las ocho de la noche, todos los días llego a las seis para charlar y cambiar impresiones sobre pintura y yo aprender algo más sobre Dios. Así pasamos muchas horas durante los días que dura la temporada de teatro.

Humberto me presenta a otros pastores y evangelistas que van a visitarlo. Uno de ellos aparece en el momento cuando más lo necesito. Es el evangelista Carlos Annacondia, hombre de Dios de pies a cabeza. Le cuento de mis primeros pasos en el evangelio y en el conocimiento de Dios. Me explica que no todos sienten el impacto de la conversión de la misma manera, pero que lo importante es no bajar la guardia en ningún momento ni por ningún motivo. Me dice que debo congregarme en alguna iglesia donde me sienta cómodo; que lo que yo necesito imperiosamente es escuchar la Palabra de Dios.

Termina la temporada. Goluscio me llama por teléfono a mi casa en Buenos Aires para invitarme al culto del domingo en una iglesia bautista donde él se congrega. Yo acepto la invitación y el domingo voy con toda mi familia.

Es un día de sol maravilloso. Estamos al comienzo del otoño. Goluscio me espera en la puerta del templo. La gente me saluda cordialmente pero con respeto y seriedad. Las dos horas que dura el culto transcurren rapidísimo, pues estamos frente al pastor Pablo Deiros, quien hace de la predicación una maravillosa exhortación que nos llega al corazón a todos los presentes.

Así, muy espaciadamente empiezo a concurrir a esa iglesia donde conozco cada vez más a Dios, qué es lo que quiere de mí, sus promesas para conmigo, que solo se logran en el cambio de vida y de actitud.

¡Cómo me cuesta arrancar! ¡Cómo me cuesta cambiar! ¡Cómo me cuesta todo! Por un lado, la vida que me ofrece Dios; por otro lado, la que me ofrece el mundo con sus libertades, tentaciones y demás ingredientes que conforman un apetitoso bocado de chocolate envuelto en papel plateado que saboreamos día a día sin darnos cuenta que adentro está el veneno que nos va matando lentamente.

Comienzo otro año de televisión y uno más de teatro. Son años de éxito. ¡Todas las semanas papá *rating* me trae caramelos! Los doce meses pasan volando. Mi relación con Dios queda estancada haciendo de mi vida días tediosos y reiterativos. Ya no escucho música ni leo, ni siquiera las noticias del periódico. Me paso largas horas frente al televisor. La mayoría de las veces me quedo dormido. Quiero dormir. Necesito dormir. Es la única manera de no pensar, de evadirme de la realidad.

Otra vez estoy en Mar del Plata sentado frente a frente con mi amigo Humberto Goluscio. Le hablo de mi indisciplina y falta de constancia en mi relación con Dios. Él me explica de la necesidad imperiosa de un cambio rotundo en mi vida. Le digo de todas las trabas que me impiden cambiar. Estoy muy triste. Siento una mano en mi hombro. Me doy vuelta. Es Carlos Annacondia. Ahí no más cerramos la puerta de la oficina y nos ponemos a orar, a reprender al enemigo en el ombre de Jesús y a pedirle a Dios que me dé valor, fuerza y constancia para cambiar lo que debo cambiar. Dios me demuestra otra vez que cuando más lo necesito, ahí está Él. Cinco o seis veces durante ese año, en momentos de extrema angustia y soledad, pienso en cómo necesito que se comunique conmigo el pastor Omar Cabrera; de pronto, suena el teléfono. Atiendo, y es él. Otra vez Dios se hace presente.

Yendo en un vuelo a El Salvador, en momentos de gran soledad, la persona que va a mi lado saca una Biblia, la abre, y me dice: «Lea esto, por favor». Yo tomo la Biblia y leo:

Jehová es mi pastor; nada me faltará.
En lugares de delicados pastos me hará descansar;
Junto a aguas de reposo me pastoreará.
Confortará mi alma;
Me guiará por sendas de justicia por amor de su nombre.
Aunque ande en valle de sombra de muerte,
No temeré mal alguno, porque tú estarás conmigo;
Tu vara y tu callado me infundirán aliento.
Aderezas mesa delante de mí en presencia de mis
angustiadores;
Unges mi cabeza con aceite; mi copa está rebosando.
Ciertamente el bien y la misericordia me seguirán
todos los días de mi vida,
Y en la casa de Jehová moraré por largos días.

Estando en Costa Rica, un domingo al mediodía salgo a hacer compras a un negocio. Me detengo en una esquina y pienso: «¿Qué estoy haciendo acá en vez de estar escuchando la Palabra de Dios en un templo?» Siento una mano en mi hombro y a alguien que me dice: «Perdóneme, señor. Soy pastor y Dios me ha indicado que ore por usted». Allí, en plena calle, oramos juntos.

En uno de mis viajes a Miami voy a cruzar una calle. Un

hombre me detiene. Me dice: «Discúlpeme, pero Dios me está indicando que ore por usted urgentemente».

Esta situación se repite vez tras vez. No hay ninguna duda: Dios me está persiguiendo.

Sigo hablando con Goluscio en Mar del Plata. Los temas son la pintura y Dios. Algunas veces, cuando termina el teatro, vamos a cenar juntos. Al verlo comer, me pregunto: «¿No serás pariente mío, vos?» Y yo que creía que era el campeón mundial. Ahora me daba cuenta por qué no solo de pan vive el hombre, pues vive de pan, de jamón, de queso, de pollo, de *fetuccini* y otras menudencias.

Suena el teléfono, Goluscio atiende, y me dice en voz baja:

Goluscio: «Tenés un llamado de Buenos Aires. Es el doctor Cormillot».

Yo titubeo. No quiero atender. Por el teléfono se escucha una voz que dice: «¡Atendé, cobarde!» Yo contesto, cambiando la voz: «Número equivocado».

El día lunes, como no tengo teatro, voy de visita a la iglesia del pastor Omar Oriel. Me atiende cordialmente. Hablamos por espacio de una hora. Me dice que necesito conectarme con una iglesia de mucha oración y poder. Me recomienda la que lidera el pastor Guillermo Prein.

Terminada la temporada en el mes de marzo, regresamos a Buenos Aires. A los pocos días vamos a la iglesia del pastor Prein. Con tristeza en los ojos me abraza y me dice:

Prein: «¡Yo también soy de Racing!»

Yo: «¿Vos también?»

Prein: «¡Sí!», me dice, mientras por la mejilla le rueda una lágrima celeste y blanca.

Aparte de ser mi hermano en Cristo los dos somos hermanos en la desgracia futbolística. Después de una hora de hablar en broma y en serio sobre el Racing Club de mis amores me siento más que cómodo en esa iglesia. El pastor Prein a lo sumo tiene treinta años. Alto, delgado, con una familia encantadora. Pone a mi disposición su casa, su amistad, sus colaboradores. Todos se acercan a mí con una paz y un amor que solo Jesús puede dar. Ahí empiezo a conocer a Dios de verdad. Nos congregamos dos veces por semana. Nos da un placer indescriptible escuchar a este varón de Dios hablarnos con esa unción que solo el Espíritu Santo pone en boca de sus siervos.

¡Qué duro es el aprendizaje! Qué difícil resulta sacarme el yo interior lleno de vanidades y orgullo, pero yo tengo el corazón dispuesto, y eso Dios lo sabe. Me espera un camino largo, duro y difícil pero no imposible. ¡Porque para Dios nada es imposible! Si cambió a otros y enderezó sus vidas por el camino correcto por qué no lo va a hacer conmigo.

Aprendo el valor que tiene una de las principales armas que Dios da a sus hijos: la oración. ¡Qué fuerza tiene la oración, el clamar a Dios, el humillarse ante el Creador! También aprendo que Dios nos creó para ser felices pero por nuestra desobediencia, y haciendo mal uso de nuestro libre albedrío, tornamos esa felicidad en todo lo contrario, resultando una vida llena de angustia, dolor, enfermedades, y lo que es peor, la muerte del espíritu.

Mi esposa me ha regalado una Biblia. Mientras me voy congregando domingo a domingo y escuchando la prédica de mi pastor voy comprendiendo el tesoro lleno de sabiduría que encierra este libro. ¡Cuántos llamados de alerta tienen sus palabras! ¡Cuánta verdad encierran sus proverbios! Basta ver cómo está puesta la naturaleza en el mundo, sus montañas y valles, ríos, la fauna y la flora, el mar infinito, el cielo, este planeta donde todo se recicla naturalmente, donde todo muere y nace al mismo tiempo, con una fuerza y un tiempo imposible de explicar. Solamente ver cómo un pavo real despliega sus colores, cómo están dispuestas cada una de sus plumas, qué artesano habrá puesto esos matices, quién habrá dispuesto los colores de la orquídea, el perfume de una rosa o el sabor de una uva. Miremos donde miremos, vayamos donde vayamos estamos ante la presencia de Dios, el creador de todo. Mi creador. Y a la prueba me remito:

¡Oh Jehová, Señor nuestro,
cuán glorioso es tu nombre en toda la tierra!
Has puesto tu gloria sobre los cielos;
de la boca de los niños y de los que maman
fundaste la fortaleza, a causa de tus enemigos,
para hacer callar al enemigo y al vengativo.
Cuando veo tus cielos, obra de tus dedos,
la luna y las estrellas que tú formaste, digo:
¿Qué es el hombre, para que tengas de él memoria,
y el hijo del hombre, para que lo visites?
Le has hecho poco menor que los ángeles,
y lo coronaste de gloria y de honra.
Le hiciste señorear sobre las obras de tus manos;
todo lo pusiste debajo de sus pies:
Ovejas y bueyes, todo ello,
y asimismo las bestias del campo,
las aves de los cielos y los peces del mar;
todo cuanto pasa por los senderos del mar.
¡Oh Jehová, Señor nuestro,
cuán grande es tu nombre en toda la tierra!

¡Infeliz el que no lo entienda! ¡Pobre del que lo ignore! ¡Insensato el que lo discuta!

¡Cómo, teniendo a Dios en todos lados, el hombre sigue adorando y arrodillándose ante imágenes de fundición; trozos de madera o de yeso porque eso es lo que son, objetos sin alma ni espíritu! ¡Cuánta ignorancia, Dios mío! Porque el hombre, en vez de querer parecerse a Dios, imitando a Jesús, quiere ponerse en lugar de Él. Este es, ni más ni menos, el espíritu que llenó el corazón de Satanás, llevándolo a pretender ser igual a Dios. Esta vanidad y orgullo determinó su caída de la gracia del Omnipotente. A partir de ahí, el diablo ha tratado de poner ese mismo espíritu en el hombre, quien sin percatarse quién está detrás suyo, pretende ocupar el lugar de quien lo creó.

Comienzo a mirarme por dentro. ¡Cuánta imperfección! ¡Cuánto espíritu de crítica, de juicio! Todo cae por tierra cuando me veo por dentro. ¡Cómo podemos hablar del prójimo, enjuiciarlo, despedazarlo con nuestras opiniones y críticas cuando dentro de nosotros hay tanta basura! Porque una de las cosas que hace la Palabra de Dios es ponernos los ojos hacia adentro, allí donde guardamos secretamente nuestros pecados, nuestros vicios, nuestras adicciones, nuestros malos hábitos.

Cada vez que escucho la Palabra de Dios de labios del pastor parece que me está hablando solamente a mí, llenándome de vergüenza porque la Palabra de Dios llega tan adentro en nuestra alma que nos duele más que la carne:

Porque la Palabra de Dios es viva y eficaz, y más cortante que toda espada de dos filos; y penetra hasta partir el alma y el espíritu, las coyunturas y los tuétanos, y discierne los pensamientos y las intenciones del corazón (Hebreos 4.12)

Sigo transitando por este resbaloso camino de la vida. Hago mil piruetas para no caerme. Mientras que sigo los consejos de mi Padre y Creador hago pie firme, y avanzo sin tropiezo. Pero cuando lo desoigo, resbalo, cayéndome una y otra y otra vez. Él, misericordioso, me levanta una y otra y otra vez. ¡Cuánta paciencia me tienes, Dios mío! ¡Qué grande eres! ¡Cuánto amor hay en ti! ¡Qué débil es mi carne! A veces me siento un hipócrita diciendo una cosa y haciendo otra. ¡Qué débil soy! Pero tu Palabra me fortalece cada día más.

Sigo trabajando en teatro y televisión. Me llaman por teléfono de Estados Unidos para contratarme por un año en la ciudad de Miami para hacer un *show* musical de media hora durante todos los días. Acepto. Dos días antes de partir con mi familia, me bautizo. En el momento en que el pastor Guillermo Prein me sumerge en las aguas bautismales, le pido a Dios que confirme el cambio que ha comenzado en mi mente y en mi corazón.

Llegamos a Miami. Casa nueva, barrio nuevo. Todo es nuevo y distinto. El verano y el calor son casi permanentes. Todo está lleno de cubanos. Son mayoría; son muy alegres y cordiales pero tristes al recordar la patria amada y la desdicha de sentirla tan lejos estando tan cerca. También hay colombianos, puertorriqueños, nicaragüenses, salvadoreños, guatemaltecos, hondureños, haitianos, venezolanos y peruanos, argentinos y chilenos. De vez en cuando veo a un americano, y si me da chance le pregunto: «¿Y usted qué anda haciendo por acá?»

Casi todo el mundo me conoce, pues mis programas y mis películas se ven desde hace más de cinco años en todos los Estados Unidos. A la semana de haber llegado ya estoy trabajando en el canal, preparando el debut de mi programa. La gente es más que cordial, llena de afecto y cariño. Todos se esfuerzan por hacerme la vida agradable.

Mi esposa empieza a buscar iglesia. La encuentra. Allá vamos. La iglesia «Alfa y Omega» que lidera el pastor Alberto Delgado. Estamos en el Camino. La unción que da el Espíritu Santo se pone de manifiesto en cada prédica del pastor Delgado, cubriendo los huecos con interrogantes con la palabra fiel y certera que Dios pone en su boca.

Mi vida ha cambiado mucho. Cada vez son más espaciados los resbalones y las caídas.

Ha pasado un año. Un dolor en la rodilla de la pierna derecha se me hace insoportable. Empiezo a sentir el rigor de mi exceso de peso que mis pobres piernas han soportado durante tantos años. Me operan. Me anestesian de la cintura para abajo. Mientras me van operando, yo, por circuito cerrado de televisión veo todo lo que ocurre, mientras entre broma y broma, el cirujano Dr. Patrick Barry me explica lo que me está haciendo. La operación es todo un éxito. El post operatorio es largo y doloroso. Recién al año empiezo a caminar normalmente.

Ya no trabajo más en televisión. La cadena ha cambiado de dirección. Yo no estoy en los planes de los nuevos ejecutivos. Sin querer, me han hecho el favor de mi vida, pues me pagan íntegramente los dos años que me quedan de contrato, lo que me da más del tiempo que necesito para mi recuperación. ¡Gracias, Dios mío! ¡Qué bien hacés las cosas!

Al segundo año de estar en Miami recibo un llamado telefónico de una productora de cine en el que me dicen que me necesitan para hacer una película con Al Pacino. Yo, creyendo que se trata de una broma, digo a todo que sí. A los tres días, me llama otra persona de la productora diciéndome que en quince días recibiré los pasajes para mi entrevista en Nueva York. A las dos semanas justas recibo un sobre con los pasajes y una carta de los Estudios Universal. Solo entonces me doy cuenta que no se trata de una broma. Es algo serio. Muy serio para mí.

Llego a Nueva York. Me alojan en un hotel de super lujo. Me avisan que a la una de la tarde esté en el vestíbulo del hotel pues pasarán por mí. Yo, por las dudas, estoy media hora antes.

Un señor con atuendo deportivo viene de correr por las calles. Entra al hotel y en la conserjería pide las llaves de su habitación. Al dirigirse a los elevadores, repara en mí. Se detiene, me mira, sonríe por unos segundos, se acerca y me pregunta en inglés si yo soy Porcel. Le digo que sí. Él me dice que es el fanático número uno de mi programa. Yo le pregunto si entiende el español a lo que él contesta que para disfrutar de mi programa no necesita saber español, que con solo mi presencia se divierte, que no se pierde programa todas las noches. Me pide que le firme un autógrafo. Mientras estoy escribiéndole la dedicatoria me confiesa que él también pertenece a la familia artística. Le pregunto qué hace. Me dice si recuerdo al conjunto «The Beach Boys». Le digo que sí, que incluso conservo algunos de sus discos. Me dice que es el director. Lo reconozco. Nos damos un abrazo. Me pregunta cómo puede hacer para trabajar en mi programa con su conjunto, que para él sería un honor.

Esa noche no dormiría. No podía creer que el director del conjunto de mayor venta de la década de los 70, algo así como 12 millones de discos, todavía vigente en el mundo de la música me pidiera por favor un lugar en mi programa.

A la una en punto llegan por mí. Nos vamos en un taxi. El

chofer del taxi, un pakistaní con turbante y todo, me reconoce y me pide un autógrafo. Bajamos por la Quinta Avenida, en pleno corazón de Manhattan. Con asombro veo que todo el mundo me saluda. De los taxis, de los negocios, en el restaurante que entramos. Mientras comemos, el dueño me pregunta si soy Porcel. Al decirle que sí, en seguida va en busca de su madre, señora de unos ochenta años para presentármela. La señora me saluda en inglés pero con acento italiano. Yo me asombro. No lo puedo creer. Mis acompañantes me dicen que no debo extrañarme pues en Nueva York me conoce todo el mundo, especialmente los americanos.

¡Qué generoso es Dios conmigo! ¡Mientras se me cierra una puerta, Él me abre tres! ¡Gracias, mi Señor!

Después de soportar dos *castings* de prueba actoral durante una semana entre sesenta y cinco actores que también quieren mi papel gano por concurso mi intervención en la película. Salto de júbilo. El director Bryan de Palma también está feliz. Él y el productor me abrazan efusivamente. Le pregunto a de Palma cómo supieron de mí. Me contesta que desde hacía algún tiempo venían viendo mi programa por recomendación y sugerencia de Ana Strasberg, esposa del famoso maestro de actores Lee Strasberg. *Miro a la tribuna, y esta grita: ¡Dale, Gordo! ¡Dale, Gordo!*

¡VIVA BOCA! ¡ARRIBA BOCA! ¡BOCA PARA TODO EL MUNDO! No. No estoy loco. Me refiero a Julio Boca, el bailarín, el extraordinario bailarín argentino. Su fama y calidad llegan a todas partes.

Falta una semana para comenzar la filmación. Un terrible dolor me ataca la parte lumbar izquierda. A raíz de un brusco movimiento se me produce el desplazamiento de una vértebra dañándome nervios y músculos de manera tal que me tienen que internar en un hospital. Llamo a la productora contando lo sucedido. Les digo que lo siento mucho pero que no voy a poder ser de la partida. El productor me llama al hospital. Me pregunta cuánto tiempo me va a tomar reponerme. Le digo unos veinte días. Él me dice que me esperan, que la película la tengo que hacer sí o sí. Recién al mes puedo caminar con un poco de dificultad. Lo pongo todo en las manos de Dios. Absolutamente todo. A la semana estoy filmando sin ningún problema.

¡Gracias, Señor! ¡Otra vez me ayudaste!

La filmación se desarrolla durante un mes y medio en un ambiente de camaradería y respeto. A cada toma que hago bien, los técnicos que tienen la costumbre de aplaudir cuando esto ocurre, me aplauden mientras que Al Pacino me abraza y me besa, diciendo: «¡Good, George! ¡Very good!»

A la semana estoy en la casa de Ana Strasberg, un antiguo y bello departamento lleno de recuerdos, fotografías, música y una gran biblioteca, discos nuevos y antiguos, todo el material que ha sido de su difunto esposo. Mientras me muestra todas estas cosas, me doy cuenta que estoy ante una dama bella por dentro y por fuera, con una distinción y sencillez digna de una gran señora.

Vamos a comer con un grupo de amigos entre los cuales está la hija de Palito Ortega quien nos ha servido de enlace para que nos conozcamos. Bajamos. Nos introducimos en su Mercedes Benz manejado por un chofer de origen japonés.

Después de cenar volvemos a su casa. Mientras tomamos café, reparo en un piano blanco, antiguo. No sé por qué le pregunto cómo lo consiguió. Me dice que lo rescató de una casa

de empeño, que su propietaria había sido Marilyn Monroe.
¡Pobre Marilyn!

Termino la película. De vuelta a casa. Una serie de enfermedades, una detrás de otra me tienen entrando y saliendo del hospital. Estoy internado cinco veces consecutivas, pasándolo muy mal de verdad. Pero Dios me rescata de todas. Estoy casi ocho meses sin caminar. Cuando lo intento descubro que de tanto cuidarme la pierna derecha que me había operado, me he dañado la izquierda aun más de lo que la tenía antes. Paso por varios médicos. Mi sistema nervioso está desgastado. Me tratan de enfermedades que nunca he tenido. Los médicos también se equivocan intoxicándome con medicinas que en lugar de aliviarme me dañan aun más.

¡Cómo me cuesta caminar! ¡El peso, la masa muscular perdida! Cuando tengo que hacer distancias largas, uso un sillón de ruedas. Poco a poco voy caminando mejor, siempre con mi fe puesta en Dios. A veces me peleo con Él, pero siempre que lo hago, pierdo por *knock-out* en el primer round.

Estoy perfeccionando mi camino. Ya no resbalo ni me caigo como antes. En todas partes de América mis hermanos en Cristo se enteran de mi conversión. Empiezo a ser invitado a dar testimonio en distintos lugares. Primero en Costa Rica, donde unas diez mil personas en dos días sucesivos rebalsan el templo del pastor Hugo Solís. Tanto es así que se tienen que poner pantallas gigantes en la playa de estacionamiento para la gente que se ha quedado afuera sin poder entrar. Luego en Paraguay sucede lo mismo, invitado por los Hombres de Negocios del Evangelio Completo. Pero soy consciente que la única estrella es Jesús.

En todos lados sucede lo mismo. Por gentileza del notable evangelista Alberto Mottesi vuelvo a Costa Rica invitado para dar mi testimonio. También voy a Mérida, Yucatán, México. En ambos lugares, miles de almas se entregan a Cristo.

En uno de los entreactos, después de saludar a muchos hermanos, se acerca una niña de nueve años y me dice que gracias a mi testimonio que ha leído en un periódico, su abuelo ha dejado de beber.

Ahí termino de darme cuenta que el viejo cómico, los aplausos y las vanidades han quedado atrás, muy atrás. Ahora soy siervo del Señor. Trabajo para su causa: rescatar almas. Toda la gloria y la honra son solo para Él. Amén.

Con Alberto Olmedo, escena que corresponde a una de las tantas películas que hicieron juntos

Con Oscar De León

Con el
afamado
bolerista
chileno,
Lucho
Gatica

Con
Olga Guillot

Con José José en el
homenaje que
Telemundo ofreció a
Porcel con motivo de
celebrarse el primer
aniversario de su
programa emitido
desde Miami.

Con Bryan de Palma, director y Al Pacino cuando filmaron la película
Carlitos's Way

Con Tito Puente

Con Paquito De Rivera

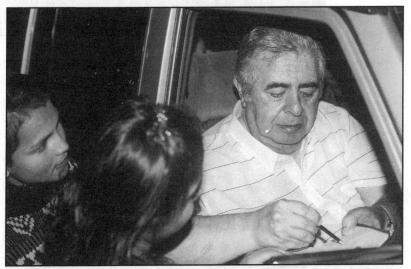

La gente se acerca a conocer personalmente a quien vio tantas veces en el cine y la televisión. Aquí Porcel firma autógrafos en Costa Rica.

Dando su
testimonio
durante la
segunda
visita a
Costa Rica

Con Alberto
Mottesi en
Costa Rica